电视新闻播音主持
MOOC + SPOC

仲梓源 著

慕课 + 线上线下混合式教学

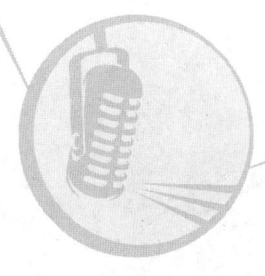

DIANSHI
XINWEN BOYIN ZHUCHI
MOOC + SPOC

MUKE + XIANSHANG XIANXIA
HUNHESHI JIAOXUE

中国传媒大学 出版社
·北京·

课程简介及导学

课程简介及导学

  "电视新闻播音主持"课程主要就电视新闻媒体常见的新闻消息、新闻评论、新闻特写,以及新闻杂志型节目、新闻专题节目、新闻访谈节目等主要节目类型和样态中的播音主持业务理论和技能进行细分化讲授与指导;主要授课对象是对电视新闻播音主持业务感兴趣的学生,以及广泛的社会爱好者。经过多年的讲授实践,"电视新闻播音主持"课程结构相对成熟和稳定,课程案例分析和实践练习能够与时俱进,充分体现融媒体时代电视新闻播音主持实践性强的特点,让大家通过学习了解相关理论知识、掌握相关业务技能、践行新闻媒体核心价值观。

  "电视新闻播音主持"课程基本内容和设置,基于2009年起开设的"电视新闻播音主持"课程的教学内容和教学经验。本课程根据中国传媒大学出版社出版发行的《电视新闻播音主持教程》进行教学大纲的制定,本次慕课制作又结合混合式教学特点重新进行规划设计,还配套立体教材《电视新闻播音主持 MOOC+SPOC》。

  本课程将相对稳定的电视新闻播音主持业务相关理论讲授和实践课堂以线上视频方式呈现,学生在有效时限内不受时空限制,可进行个性化安排,反复学习,还可利用碎片化时间学习,体现学习的灵活性;电视新闻播音主持业务实训内容,充分体现因材施教的特性,以线下授课方式进行,根据学生业务条件以及业务特长,进行个别实训指导。练习素材都来源于国内主流媒体播出的节目,力求做到有的放矢、因材施教。课程整体设计兼顾理论与实训相互配合、相互支撑,实现电视新闻播音主持教学的知识目标、能力目标,使学生在学习和实践中牢固树立社会主义核心价值观,了解并认同融媒体时代主流媒体新闻观,践行融媒体时代新闻媒体的主流价值观。

  本课程从教学特点、学生覆盖面、学习时空、学习方式等方面进行考量和设计,尝试解决线上或线下单一模式教学中存在的一些现实问题,力求在有限条件内提升业务实训的效率和效果。

  希望大家能够充分了解课程的内容分布和讲授方式,合理地安排利用好学习课件和学习时间。

  接下来就让我们一起进入"电视新闻播音主持"课程的学习!

目　　录

图书总码

1　电视新闻播音主持概述 / 1

1.1　电视新闻概述 / 3
- 1.1.1　电视新闻相关概念界定 / 3
- 1.1.2　电视及电视节目的诞生 / 5
- 1.1.3　我国电视新闻发展概况 / 8

1.2　电视新闻播音员主持人 / 16
- 1.2.1　电视新闻播音主持创作主体、工作性质、地位和作用 / 16
- 1.2.2　电视新闻播音员主持人的内涵 / 18
- 1.2.3　电视新闻播音员主持人的素质构成和魅力构成 / 20

1.3　电视新闻播音主持创作 / 22
- 1.3.1　电视新闻播音主持创作要素 / 22
- 1.3.2　电视新闻播音主持创作方法和要求 / 23
- 1.3.3　电视新闻播音主持创作的稿件准备 / 25

1.4　副语言及其运用 / 28
- 1.4.1　电视新闻播音主持副语言的界定和作用 / 28
- 1.4.2　电视新闻播音主持副语言的体现规律、设计和运用 / 30

2　电视新闻稿件播音 / 33

2.1　电视新闻稿件播音理论概述 / 35
- 2.1.1　新闻消息的"倒金字塔式"结构 / 35
- 2.1.2　新闻消息的"非倒金字塔式"结构 / 37
- 2.1.3　新闻消息稿件的特点 / 39

2.2　电视新闻消息播音 / 41
- 2.2.1　国内时政要闻播音 / 41
- 2.2.2　国际时政要闻播音 / 46
- 2.2.3　新闻简讯播音 / 48

2.2.4　地方新闻播音 / 53
　　2.2.5　财经新闻播音 / 57
　　2.2.6　文娱新闻播音 / 62
　　2.2.7　教科新闻播音 / 67
　　2.2.8　体育新闻播音 / 71
　　2.2.9　口播和口导 / 73
2.3　电视新闻人物特写播音 / 79
　　2.3.1　电视新闻人物特写播音相关界定 / 79
　　2.3.2　电视新闻人物特写播音整体把握 / 81
2.4　电视新闻评论播音 / 87
　　2.4.1　电视新闻评论播音界定，社论播音 / 87
　　2.4.2　评论员文章、本台评论、编后话播音 / 90

3　电视新闻节目主持 / 97

3.1　电视新闻杂志型节目主持 / 99
　　3.1.1　电视新闻杂志型节目主持相关界定、概况 / 99
　　3.1.2　电视新闻杂志型节目主持整体把握 / 100
3.2　电视新闻专题节目主持 / 105
　　3.2.1　电视新闻专题节目主持相关界定、概况 / 105
　　3.2.2　电视新闻专题节目主持整体把握 / 106
3.3　电视民生新闻节目主持 / 111
　　3.3.1　电视民生新闻节目主持相关界定 / 111
　　3.3.2　电视民生新闻节目主持概况 / 112
　　3.3.3　电视民生新闻节目主持整体把握 / 114
3.4　电视新闻读报节目主持 / 117
　　3.4.1　电视新闻读报节目主持相关界定、概况 / 117
　　3.4.2　电视新闻读报节目主持整体把握 / 118
3.5　电视新闻访谈节目主持 / 121
　　3.5.1　电视新闻访谈节目主持相关界定、特点、类型 / 121
　　3.5.2　电视新闻访谈节目主持选择话题和基本步骤 / 123
　　3.5.3　电视新闻访谈节目主持基本要求、注意事项、
　　　　　　细节处理 / 124

3.6 电视新闻评论节目主持 / 127
　　3.6.1 电视新闻评论节目主持相关界定、评论串联 / 127
　　3.6.2 电视新闻评论节目主持人的评论 / 129
　　3.6.3 电视新闻评论节目主持人漫画评论 / 131
　　3.6.4 电视新闻评论节目主持人照片评论 / 137
　　3.6.5 电视新闻评论节目主持人的基本素养与实践要求 / 142
3.7 电视新闻现场报道 / 144
　　3.7.1 电视新闻现场报道相关界定、概述 / 144
　　3.7.2 电视新闻现场报道的基本形式 / 146
　　3.7.3 电视新闻现场报道述评 / 149
　　3.7.4 电视新闻现场音视频连线报道 / 152

课程总结 / 157

01 电视新闻播音主持概述

电视新闻播音主持概述

电视新闻播音主持概述课程导入

课程导入

在现代社会中，人们都会受到新闻信息的影响，特别是电视新闻信息的影响。从人们对电视节目，尤其是对电视新闻节目的关注来看，将电视称作20世纪最伟大的发明之一并不为过。电视媒体记录和报道世界各地的政治、经济、社会生活，确实让我们感觉到好像生活在一个"地球村"。

从1926年1月26日英国科学家贝尔德在伦敦公开演示那台轰动了全世界的被称作"电视"的机器开始，到1936年11月2日英国广播公司在世界上第一次正式播出电视节目，再到1958年11月2日我国第一位电视播音员沈力口播《简明新闻》，世界范围的电视新闻事业开始蓬勃发展。

在电视新闻节目当中，最直接与受众进行交流的就是播音员主持人，人们在收看电视新闻节目，接收新闻信息之余也会对其充满了好奇：他们的工作是什么性质的？他们应该具有什么样的能力和素质？他们又是怎样做到准确、及时报道新闻的？……这些问题其实也是专业媒体、院校选拔和培养电视新闻播音员主持人的关键所在。

在本章中，我们将对电视新闻播音主持的一些基本理论常识进行简要的梳理和阐释，以便大家能够较快地领会相关理论知识要点，为掌握具体的电视新闻播音主持技能打下理论基础。

在这一部分，首先我们将会概述电视新闻，包括：电视新闻的定义、电视及电视节目的诞生、我国电视新闻发展概况等；其次会介绍电视新闻播音员主持人，包括：电视新闻播音主持创作主体、电视新闻播音主持工作的性质、地位和作用、电视新闻播音员主持人的内涵、电视新闻播音员主持人的素质构成和魅力构成；再次会讲授电视新闻播音创作，包括：电视新闻播音创作要素、电视新闻播音创作方法和要求、电视新闻播音创作的稿件准备；最后会涉及副语言及其运用等内容。

好，接下来，我们就一起进入"电视新闻播音主持"的学习！

1.1 电视新闻概述

1.1.1 电视新闻相关概念界定

电视新闻相关
概念界定

> **?** 请带着思考来学习如下内容：
> 什么是新闻？
> 什么是电视新闻？
> 电视新闻又有哪些分类？

● 我们先来了解一下，什么是新闻。

"新闻"一词在我国古已有之。据考证，"新闻"一词最早出现在唐朝。从史料《新唐书》《南楚新闻》以及南宋《朝野类要》（图1-1）的记载中不难看出，它主要指传说、传闻、故事、奇闻逸事等，和现在我们所说的"新闻"有很大不同。

在西方最早使用"News"一词，据记载是在1423年。一般认为，News这个词是由英语 North（北）、East（东）、West（西）、South（南）四个单词的第一个字母拼写而成的，表明新闻是"四面八方消息的集合"。后来美国新闻学者卡斯柏·约斯特经过考证认为，"News"一词是从New这个单词引申而来的，是词源中的奇特发展之一。

尽管古今中外对"新闻"一词根源的探究结果有所不同，不可否认的是"新闻"一词虽然经过了长期演化，但都有"新鲜事情""新鲜报道"的基本含义。现在"新闻"一词在新闻传播学中主要有三方面含义：一是指新闻的定

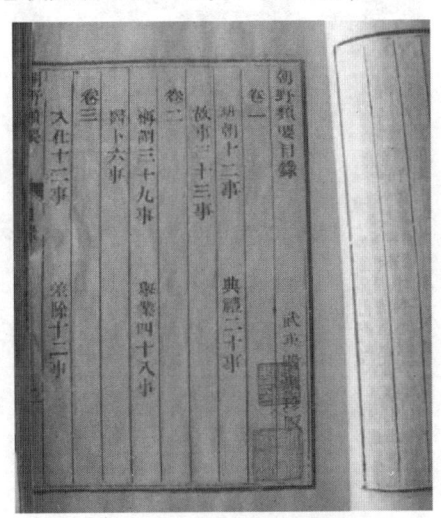

图1-1 《朝野类要》目录

义，二是指各种新闻体裁的报道形式的总称，三是专指消息这种体裁。

现代新闻学从西方传入中国后，业界关于新闻的定义有很多。得到我国新闻界公认的是1943年陆定一在《我们对于新闻学的基本观点》（图1-2）一文中提出的定义，即"新闻是对新近发生的事实的报道"。这个定义被广泛采用并产生了很大影响，且简洁而科学地道出了新闻的本质和含义。该定义坚持了唯物主义新闻本源观，指出了新闻是关于事实的报道，明确了新闻是新近发生的事实的报道，具有普遍适用性。

随着新闻事业的不断发展，广播电视和网络媒体技术日新月异，人们可以对很多新闻事件进行直播，所以"新闻"的定义后来又发展为"新闻是对新近或者正在发生的客观事实的报道"。

图1-2　1943年9月1日《解放日报》刊登陆定一文章《我们对于新闻学的基本观点》

● 接下来，我们来讲第二个定义，电视新闻。

电视新闻是以现代电子技术为传播手段，以多元素的图像、声音为传播符号，对新近或正在发生、发现的事实所作的报道。

电视新闻是运用画面与声音符号体系以及电视媒介的综合优势手段传播的新闻，是电视屏幕上各类新闻体裁、各种新闻性节目的总称。

早期的电视新闻经历过以口播新闻为主和以影片新闻为主两个发展时期。1936年11月2日，英国建立了世界第一座电视台，正式播放电视节目，同时也开始播出电视新闻（图1-3）。

国内业界理论工作者和实践工作者将电视新闻节目分为三大类，也就是我们现在经常提到的消息类、专题类和评论类新闻节目。

消息类新闻节目是电视新闻实现国内国际要闻汇总的主要渠道，能够迅速、广泛、简要地报道国内外最新的事态发展。

图1-3　BBC节目录制

专题类新闻节目对新闻事件进行详尽、深度报道，综合运用电视手段和播出方式，以独特的见解引起观众深层次的思考。

评论类新闻节目是或代表媒体立场，或代表个人立场的评论者对当前极具新闻价值的新闻事件或者社会现象进行观点阐述并表明意见和态度，是电视新闻舆论导向的旗帜。

电视新闻消息一般短小精悍、简明扼要，因为在电视新闻当中，画面和字幕就能够传递很多信息了，所以新闻配音不同于广播新闻播音，只需要做画面信息的必要补充说明。

> **要点总结**
> 第一，新闻是对新近或者正在发生的客观事实的报道。
> 第二，电视新闻是以现代电子技术为传播手段，以多元素的图像、声音为传播符号，对新近或正在发生、发现的事实所作的报道。
> 第三，电视新闻节目分为三大类，即消息类、专题类和评论类。

> **线下思考和练习**
> 1. "新闻"一词在国内外最早的起源是什么？
> 2. 你是如何理解"新闻"概念的？
> 3. 试比较报刊、广播、网络等媒体，阐释电视新闻的特点。
> 4. 举例说明电视新闻类节目都有哪些具体节目形态。
> 5. 请阐释消息类、专题类、评论类新闻节目之间的关联。

1.1.2 电视及电视节目的诞生

> **请带着思考来学习如下内容**
> 什么是电视？
> 谁制造了第一台真正意义上的电视设备？

电视及电视节目的诞生

● 所谓"电视"，即英文单词"Television"的中文翻译，原意是"远距离观看"。它满足的是人类对远距离传输、观看图像的愿望。电视是运用电子技术手段传输图像和声音的现代化大众传播媒介，是继广播之后出现的又一电子媒介，被誉为"20世纪人类最伟大的发明"之一。电视的产生，极大地拓展了人类视听信息传播的广度和深度。电视以其视听兼备的独特传播优势，在传播媒介中占据极其重要的地位（图1-4、图1-5）。

图1-4　早期人们观看电视　　图1-5　20世纪80年代中国人观看电视

● 1900年，电视（Television）一词首次出现。此前，有关电视的研究已经开始。英国科学家约翰·洛吉·贝尔德被称为"电视之父"。其实早在1884年，德国工程师保罗·尼普科夫就发明了一种机械式光电扫描圆盘并取得专利，这种机械传真模式就是电视的雏形。

贝尔德在十分艰苦的条件下进行研究和试验，于1924年春天试验发射和接收了一个"十"字图形。1925年10月2日，他利用尼普科夫发明的扫描圆盘成功地完成了播送和接收电视画面的试验（图1-6、图1-7），并第一次在电视上清晰地显现了一个人的头像（图1-8）。1926年1月26日，贝尔德在伦敦做公开表演，轰动了全世界。

图1-6　贝尔德与电视试验设备　　图1-7　电视试验设备扫描圆盘

图1-8　第一个出图像的人偶威廉·台英顿

1927年,"贝尔德电视发展公司"在英国广播公司(BBC)首次播送了30行扫描的电视节目。1930年,舞台剧《花言巧语的人》成为贝尔德播出的第一个声图并茂的节目,贝尔德对电视的发展作出了特殊的贡献。贝尔德在前人研究成果的基础上,制造出了第一台真正实用的电视传播和接收设备。他的试验成功标志着电视的真正诞生。因此,贝尔德被称为"电视之父"。

贝尔德发明的机械电视将电视画面从英国伦敦发射传送到美国纽约,证明图像是能够通过无线电远距离传送的。自此以后,电视作为一种技术上比较成熟的新型传播媒介,开始进入社会,进入人们的生活。1936年,英国广播公司在伦敦以北的亚历山大宫建成了英国第一座公共电视台,11月2日正式播放电视节目(图1-9、图1-10)。

之后,美国无线电公司(RCA)于1939年推出世界上第一台黑白电视机,到1953年设定全美彩电标准,并于1954年推出彩色电视机,电视机及电视节目开始进入千家万户,电视事业也在世界范围内迎来了欣欣向荣的大发展时期(图1-11)。

图1-9 BBC录影棚

图1-10 BBC旧址外观

图1-11 1928—2007年电视的进化

> **要点总结**
>
> 第一，电视是运用电子技术手段传输图像和声音的现代化大众传播媒介，是继广播之后出现的又一电子媒介，被誉为"20世纪人类最伟大的发明"之一。
>
> 第二，贝尔德在前人研究成果的基础上，制造出了第一台真正实用的电视传播和接收设备。他的试验成功标志着电视的真正诞生。因此，贝尔德被称为"电视之父"。

> **线下思考和练习**
>
> 1. 请查阅相关资料，比较广播和电视诞生的技术背景及时代背景。
> 2. 试比较电视和电影的成像原理。
> 3. 请查阅并了解电影新闻和电视新闻的相关文献资料。

1.1.3 我国电视新闻发展概况

> **请带着思考来学习如下内容：**
> 我国电视新闻发展大致可分为几个阶段？

20世纪50年代，我国的电视事业也开始起步。1958年5月1日中央电视台前身北京电视台开播（图1-12、图1-13），开启了我国电视事业的发展篇章。

图1-12　1958年5月1日北京电视台开播　　图1-13　北京电视台开播演职人员合影

中国的电视新闻事业大体经历了四个发展阶段：1958—1966年的艰难创业时期，1966—1978年的曲折磨难时期，1979—2009年的蓬勃发展时期，2009至今的媒体融合时期。

● (1) 1958—1966 年的艰难创业时期

我国电视节目开播之初的形式非常简单。新闻节目大致有图片新闻报道、电视新闻片、口播新闻、实况转播以及带有新闻性的电视纪录片等（图 1-14 至图 1-18）。除国内新闻外，还有一部分国际新闻。国际新闻有口播，也有外国电视台寄来的电视新闻片和纪录片。新闻纪录片是早期电视新闻最主要的节目样式，所以电视新闻发展早期也被称为"新闻纪录片时代"。受条件限制，新闻的时效性很差。

图 1-14 1958 年北京电视台第一次试验播出

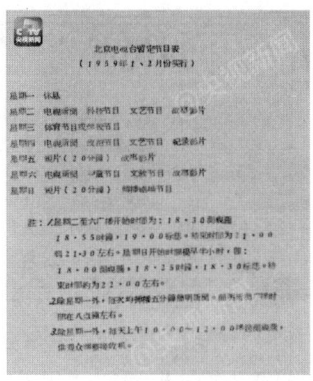
图 1-15 1959 年北京电视台节目表

图 1-16 北京电视台第一部直播电视剧《一口菜饼子》

图 1-17 1958 年 6 月 19 日北京电视台第一次体育实况转播

图 1-18 1958 年北京电视台第一位电视播音员沈力

- (2) 1966—1978年的曲折磨难时期

在这期间，我国电视新闻事业遭受了巨大的挫折和破坏。当时电视新闻宣传偏离了党的新闻工作优良传统，节目单调枯燥，形式主义成风，充满空话、大话，教训极其深刻（图1-19、图1-20）。有人将当时的电视新闻描述为"大批判、学习班、抓革命、促生产""工厂机器转，田间麦浪翻"。电视新闻的国际交流也几乎全部中断，《国际新闻》栏目因为没有片源而停播。

图1-19　1970年"北京电视台"报道了我国第一颗人造卫星发射成功

图1-20　"文革"中录制样板戏

- (3) 1979—2009年的蓬勃发展时期

1978年党的十一届三中全会之后，中国的电视新闻事业也开始进入蓬勃发展时期。

1978年1月1日，《新闻联播》正式开播，中断了多年的播音员出图像预告节目的形式同时恢复（图1-21至图1-23）。1980年4月1日，中央电视台开始通过卫星接收国外新闻通讯社的国际新闻，提升了国际新闻的时效性。同年5月1日，《国际新闻》保留栏目名称并入《新闻联播》。《新闻联播》于1981年7月1日进行改版，形成国内、国际新闻两大部分；同时，对栏目标志、片头音乐、电视画面以及预告新闻提要的方式等也都做了改进。

20世纪80年代，除中央电视台的《新闻联播》外，全国各地方电视台新闻栏目也纷纷开播。如上海电视台的《晚间新闻》《英语新闻》、广东电视台的《港澳动态》《国际纵横》《午间新闻》、杭州电视台的《早晨好》等，都具有开创性意义。

图1-21　《新闻联播》播音员邢质斌

图 1-22 《新闻联播》播音员赵忠祥

图 1-23 《新闻联播》播音员罗京

各类电视新闻专题栏目也蜂拥而出，如《专题新闻》《专题报道》《华东见闻》《长城内外》《岭南风貌》《山东各地》《浦江新貌》《锦乡八闽》《可爱的中国》，中央电视台还开办了国际问题评论专题《今日世界》（图1-24）等。几十个栏目纷纷问世，产生了广泛的社会影响。

图 1-24 中央电视台《今日世界》

同时，电视新闻评论也逐渐发展起来，1980年7月，中央电视台开办了第一个新闻评论性专栏《观察与思考》（图1-25），地方电视台也相继推出了一批新闻评论性栏目，如广东电视台的《文明之花》《立此存照》、太原电视台的《新闻30分钟》、湖南电视台的《焦点》、上海电视台的《新闻透视》等。

图 1-25 中央电视台《观察与思考》

为适应经济发展宣传形势，中央电视台于1985年元旦推出《经济半小时》的前身《经济生活》栏目。1992年8月31日，中央电视台《经济信息联播》栏目问世（图1-26），与《经济半小时》在内容上各有侧重，成为经济宣传的两大栏目。

为加强对外宣传，1992年10月1日，中央电视台第一个国际卫星频道第四套节目正式开播，开办了《中国新闻》（图1-27）的前身《中国中央电视台新闻》，以及《亚洲新闻》《台湾新闻》《中国报道》等栏目，成为港澳台同胞及海外华人华侨了解祖国变化的重要渠道。

图1-26 中央电视台《经济信息联播》

图1-27 中央电视台《中国新闻》

1993年1月18日，上海东方电视台开播，在国内电视台首倡新闻滚动播出，《东视新闻》（图1-28）、《东视夜新闻》、《东视深夜新闻》每晚三次滚动播出。同年3月1日，中央电视台改版《晚间新闻》，并推出《世界报道》《晚间新闻》《体育新闻》，合称为《晚间新闻报道》（图1-29）。这一时间段成为继《新闻联播》《焦点访谈》之后的第二个黄金时段。

图1-28 上海东方电视台《东视新闻》

图1-29 中央电视台《晚间新闻报道》

1994年4月1日，中央电视台推出新闻评论性栏目《焦点访谈》（图1-30），1996年上半年，中央电视台又相继推出谈话节目《实话实说》和深度报道栏目《新闻调查》。

进入21世纪，我国的电视新闻事业面临新的机遇和挑战。2003年5月1日中央电视台新闻频道（图1-31）开播，7月1日起正式播出。在中国电视史上具有里程碑意义的第一个新闻专业化频道诞生了。中央电视台新闻频道全天24小时播出，做到在第一时间向受众报道国际国内重大新闻事件，秉承"把握舆论导向，做好党的喉舌，有效提升舆论引导能力"的指导思想，实施有效传播策略，报道及时、全面、准确、权威，发挥了国家主流媒体的宣传主导作用和对全国新闻媒体的引领作用。

图 1-30　中央电视台《焦点访谈》　　图 1-31　中央电视台新闻频道

● (4) 2009 年至今的媒体融合时期

2009 年 12 月 28 日，中国网络电视台（CNTV）正式开播，标志着互联网与电视媒体全面融合的开始。我国主流电视媒体的新闻节目开始通过网络进行同步传播。

2014 年被广泛认为是报刊、广播、电视、网站等全面媒体融合的元年，因为 2014 年 8 月 18 日，中央全面深化改革领导小组第四次会议审议通过了《关于推动传统媒体和新兴媒体融合发展的指导意见》，这标志着中国媒体融合发展的开始。

可以简要了解一下中国媒体融合发展的大致进程：

1996 年 1 月 15 日，广州日报报业集团成立，是媒体融合在所有权层面的自主探索。

1997 年 1 月 1 日，人民日报创办电子版，它是人民网的前身。

1999 年 12 月，广州日报成立大洋网，成为中国最早在互联网提供新闻资讯的三家媒体之一。

2000 年，经国务院新闻办公室和中共北京市委宣传部批准，千龙网正式上线，其由北京日报、北京晚报、北京青年报、北京人民广播电台、北京电视台等众多北京主要传媒机构共同发起创办，被业界称为"千龙模式"。

2008 年 3 月，烟台日报传媒集团研发了"全媒体数字复合出版系统"，率先创立全媒体新闻中心。8 月，贵州瓮安县将报纸、广播、电视、网站合并成为一家媒体。

2009 年 12 月 28 日，中国网络电视台（CNTV）正式开播，开启了网络与电视全面融合。

2011 年 1 月 14 日，国家广电总局批准浙江广电集团在新蓝网的基础上，正式开办浙江网络广播电视台。4 月 15 日，长兴县委报道组、长兴政府网、长兴宣传信息中心、长兴广播电视台四个单位合并，长兴传媒集团自此成立，开启了县级媒体改革的小规模探索。7 月 12 日，人民日报社全媒体新闻资讯管理系统一期工程暨公共稿库投入试运行,新闻产品类型由传统的以单一文字报道为主向集文字、图片和音视频为一体的全媒体转型。

2012年4月27日,人民网在上海证券交易所上市交易。7月22日,人民日报开通法人微博。11月党的十八大召开期间,新华网、人民网等权威网络媒体以及新浪、腾讯等门户网站,纷纷推出手机新闻客户端。

2013年7月1日,《人民日报》在头版刊登《致读者》,宣布利用二维码、图像识别等技术,将部分稿件由单一文字形态转化为文字、视频、音频等多媒体形态。10月,上海最大的两家报业集团——解放报业集团和文汇新民联合报业集团宣布合并,成立了上海报业集团。

2014年5月,湖南广播电视台实行芒果TV独播战略,以此打造自己的互联网视频平台。6月12日,人民日报客户端上线。8月18日,中央全面深化改革领导小组第四次会议审议通过《关于推动传统媒体和新兴媒体融合发展的指导意见》,自上而下的"媒体融合"国家工程的序幕由此拉开,是年也被称为我国的"媒体融合元年",标志着我国传统媒体的融合转型进入由顶层设计指导的制度化阶段。

2015年3月,人民日报在全国两会时积极探索"中央厨房"模式,建构起具备整体融合形态的新技术平台和组织架构,在当时形成了全新的全体系生产模式。

2016年2月19日,人民日报全媒体平台"中央厨房"正式上线运行。由此,新闻生产的各个环节不再泾渭分明,有助于节省时间和财力成本。

2017年1月5日,时任中宣部部长刘奇葆在座谈会上强调,推进媒体深度融合,"中央厨房"是标配,是龙头工程,一定要建好、用好。在这一年,更多"中央厨房"相继投入运营。

2018年3月21日,中央三台组建为中央广播电视总台,央视网、央广网、国际在线随即开启全面融合。4月19日9时,新组建的中央广播电视总台正式揭牌亮相。当晚,央视网、央广网和国际在线,在网站及移动端显著位置放置三网联合制作的微视频《新时代:中国之声》以及《你好,总台|用心耕耘 梦想花开》,以各具特色的表达方式回首历史时刻,定格经典声音,共同展现中央广播电视总台成立以来的融合成果。8月21日全国宣传思想工作会议后,全国正式掀起建设县级融媒体中心的高潮。11月2日,县级融媒体建设取得了较丰富的成果,邳州市以广电为基础率先建立了县级融媒体中心,打造《有融有度》《政风热线》等融媒体栏目,银杏融媒也开通"政企号",整合政务信息资源,打造政务信息公开平台和智慧城市项目,形成了具有示范效应的"邳州模式"。

2020年以来,媒体积极尝试搭建智能化内容生产平台。中国5G技术的发展加快了新型网络基础设施的建设进度,这一年,中国第一次在通信领域占据全球优势地位。8月17日，中央广播电视总台融合发展中心正式成立。

2021年，北京广播电视台"北京时间"与"北京市12345"市民热线服务中心打通后台，成为媒体机构和政务部门跨界合作的典型案例。

2022年北京冬奥会期间，央视频利用AI生产剪辑系统，在短时间内将海量赛场视频进行自动剪辑并且定向发布，高效、快速提供新闻内容。

全媒体是一种利用文字、声音、图像、网络、通信等传播介质全方位传输的传播形态，通过运用多种媒体手段和平台来提升传播效能，协调多元媒体行动者之间的关系。从2018年县级融媒体中心对县域所有媒体的整合，到2022年以"报业+广电"为基本模式的地市级媒体深度融合的加速，各级主流媒体都在通过集团化合并来优化资源配置，以解决同级市场资源分散、管理粗放、低水平重复、同质化竞争的问题。

在第四次科技革命和第三次全球传播浪潮的大环境之下，我国主流媒体经过三网融合、报网互动、数字化转型、移动端建设等过程，已然迈入了智媒体阶段，这也是主流媒体发展转型的重要阶段。资源整合、共同策划、联合采访、统一发布……一个个内容丰富、形式有趣的新媒体产品展现在受众面前。三网融合为媒体的创新实践提供了更多新角度、新思路，推动现代传媒面向未来，走得更稳、更远。

在这一时期，传统电视媒体新闻节目改革创新、转变观念、不断探索，各级电视台都成立了融媒体中心，结合融媒体传播特点，拓宽新闻报道领域，丰富新闻报道样式，为受众带来全新体验。

> **要点总结**
>
> 中国的电视新闻事业大体经历了四个发展阶段：
> 艰难创业时期（1958—1966年）
> 曲折磨难时期（1966—1978年）
> 蓬勃发展时期（1979—2009年）
> 媒体融合时期（2009年至今）

> **线下思考和练习**
>
> 1. 我国的电视新闻发展大致经历了哪些阶段？各阶段分别有何特点？
> 2. 请概括21世纪我国电视新闻事业发展的趋势。
> 3. 媒体融合阶段的电视新闻呈现出怎样的发展态势？
> 4. 关注中央电视台新闻频道的某档新闻栏目或某时段的节目，并分析其特点。

1.2 电视新闻播音员主持人

1.2.1 电视新闻播音主持创作主体、工作性质、地位和作用

电视新闻播音主持创作主体、工作性质、地位和作用

> **?** 请带着思考来学习如下内容：
> 电视新闻播音主持创作活动的主体是什么？
> 电视新闻播音主持工作的性质、地位和作用分别是什么？

● 先来说电视新闻播音主持的创作主体。

在电视新闻播音主持创作活动中，播音员主持人是创作者，是创作主体。在此我们要先理解几个概念：

第一，播音员：以在话筒前（含镜头前）进行有声语言创作为主要工作的专业人员。

第二，播音工作：以在话筒前（含镜头前）进行有声语言创作为主要任务的职业。

第三，节目主持人：关于节目主持人的概念，业界较为认同的主要有以下几种：

在我国现阶段，"主持人"在广播电视中的含义是：以有声语言驾驭节目进程的人。"节目主持人"是以有声语言为主干或主线"出头露面"驾驭节目进程的人。这里需要说明的是，必须在节目之中，必须"出头露面"，必须驾驭节目进程，必须以有声语言为主干或主线。

节目主持人是在广播电视中，以个体行为出现，代表着群体观念，用有声语言、形态来操作和把握节目进程，直接、平等地进行大众传播活动的人。

节目主持人是在大众传播活动的特定节目情境中，以真实的个人身份和交谈性言语行为，通过直接、平等的人际交流方式主导、推动并完成节目进程、体现节目意图的人。

将以上几种阐释综合起来，就可以提炼出主持人概念的要点：广播电视媒体、用语言驾驭、个性形象、群体意识。

所以，我们可以将节目主持人概括为：在广播电视媒体中，用有声语言驾驭和把握节目进程的人，以个性形象与受众进行直接和平等的交流与传播，代表着广泛的群体意识。

● 再来说说电视新闻播音主持工作的性质、地位和作用。

电视新闻播音主持工作既具有自然属性，又具有社会属性；既具有新闻属性，又具有语言艺术特性；既具有再造性，又具有创造性。因此电视新闻播音主持工作是多学科交叉并具有一定复杂性和多样性的创造性工作。

电视新闻播音主持工作的地位，可以概括为"传播前沿""中介工序""联系纽带"。

在传播过程中，电视新闻播音主持工作至少具有以下作用：第一，构建语言（副语言）传播系统，使传播潜能变为传播现实，具有传播形成作用；第二，传递信息，体现态度，揭示语义内涵，表明思想实质，具有了解和认识社会的作用；第三，传达感情，形象具体生动，吸引感染受众，具有鼓舞、教育、激励作用；第四，规范美化语言，建设语言文明，具有语言表达的审美示范作用。

要点总结

第一，在电视新闻播音主持创作活动中，播音员主持人是创作者，是创作主体。

第二，电视新闻播音主持工作既具有自然属性，又具有社会属性；既具有新闻属性，又具有语言艺术特性；既具有再造性，又具有创造性。它是多学科交叉并具有一定复杂性和多样性的创造性工作。

第三，电视新闻播音主持工作的地位，可以概括为"传播前沿""中介工序""联系纽带"。

第四，电视新闻播音主持工作至少具有以下作用：构建语言（副语言）传播系统；传递信息，体现态度，具有了解和认识社会的作用；传达感情，感染受众；语言表达的审美示范作用。

线下思考和练习

1. 请思考电视新闻播音员主持人概念的共同点和不同点分别是什么？
2. 电视新闻播音工作和电视新闻主持工作有何异同？
3. 你喜欢哪些电视新闻播音员主持人？为什么？

电视新闻播音员主持人的内涵

1.2.2 电视新闻播音员主持人的内涵

❓ **请带着思考来学习如下内容：**

电视新闻播音员与主播的内涵有哪些异同？
电视新闻节目主持人的内涵是什么？

● 先来说电视新闻播音员与主播的内涵。

电视播音员是对电视节目播出最后一个环节工作者的统称，电视新闻播音员的称谓源自之前对广播新闻播音员的叫法。在有广播新闻播音员称谓之前，播音员也被称为"广播员"。北京电视台（中央电视台前身）在1958年11月2日开始口播《简明新闻》的时候，诞生了我国第一位电视新闻播音员——沈力（图1-32）。而如今，随着电视事业的发展以及电视新闻节目播音员主持人概念和职能的变化，电视新闻播音员的内涵和称谓也在不断演变。

图1-32 我国第一位电视新闻播音员沈力

近年来，电视新闻节目中也使用"主播"的称谓，很多电视台已经将"播音员"改称"主播"。这反映的是亚太地区部分华人媒体对"Anchor"一词的不同中文翻译，在现实中由于媒体运作方式的不同，"主播"和"播音员"的工作方式也存在着差异。比如，"播音员"主要以轮班的方式进行新闻的播报，而"主播"则是某个栏目的品牌形象，并要参与部分编辑工作，有时还要参与前期采访报道，有的还可能是新闻栏目的主编和制片人，负责整个节目的统筹安排。

● 下面说说电视新闻节目主持人的内涵。

世界上第一位电视新闻节目主持人是美国著名记者爱德华·默罗（图1-33）。1951年11月18日，他在哥伦比亚广播公司（CBS）电视节目《现在请看》节目中对朝鲜战争进行评论，开创了美国乃至世界电视新闻播报方式的新纪元。

最早提出"新闻节目主持人"概念的是哥伦比亚广播公司制片人唐·休伊特（图1-34）。1952年，他在报道总统大选的电视节目中设置了Anchor（来源于体育术语，指接力赛中最后一棒，也是跑得最快和最有实力的人），也就是后来所谓的新闻节目主持人。之后，美国各大广播公司都出现了一批著名新闻节目主持人。到了20世纪70年代，新闻节目主持人成为一种职业，其他国家也纷纷推出了自己的电视新闻节目主持人。

图1-33 世界上第一位电视新闻节目主持人爱德华·默罗

图1-34 最早提出"新闻节目主持人"概念的唐·休伊特

1980年7月12日，中央电视台《观察与思考》节目第一次使用"主持人"称谓，当天由记者庞啸主持的新闻报道《北京居民为什么吃菜难》播出后引起了强烈反响，这在中国电视史上具有划时代的意义。后来随着中国电视事业的突飞猛进，主持人队伍也发展壮大，如今已经有了不少全国知名、深入人心的著名主持人。

在"节目主持人"前面加上"电视新闻"四个字，那么对这一身份便又有了更为严格的要求：第一，具有电视新闻素质；第二，具有随机应变的控制能力和逻辑严密的理性思维；第三，具有政治敏感和人文关怀；第四，懂得新闻传播规律。

> 🔍 要点总结
>
> 第一，电视新闻播音员与主播的称谓与内涵。
> 第二，电视新闻节目主持人的内涵。

> **线下思考和练习**
>
> 1. 请查阅文献资料，了解世界范围内早期电视新闻播音员主持人的相关信息。
> 2. 试比较"广播员""播音员"的异同。
> 3. 请联系具体事例，试着阐释"播音员""主持人""主播"之间的异同。

1.2.3 电视新闻播音员主持人的素质构成和魅力构成

电视新闻播音员主持人的素质构成和魅力构成

> **请带着思考来学习如下内容：**
>
> 电视新闻播音员主持人的素质构成有哪些？
> 电视新闻播音员主持人的魅力构成是什么？

● 先来说说电视新闻播音员主持人的素质构成。

第一，过硬的政治素质。电视新闻播音员主持人是新闻工作者，因此具备过硬的政治素质显得尤为重要。政治素质表现为政治理论、政治立场、政策观念和政治作风。

第二，扎实的新闻素质。电视新闻播音员主持人作为新闻工作者，新闻素质无疑是基本素质。有了扎实的新闻素质才能在工作当中更好地进行传播工作。

第三，丰富的文化素养。广博而深厚的科学文化知识是电视新闻播音员主持人的必备素质。任何人都很难做到上知天文下知地理，所以电视新闻播音员主持人可以不是通晓所有领域的"专家"，但应该尽可能多地涉猎各学科领域，成为"杂家"。

第四，精湛的专业素养。电视新闻播音员主持人既是新闻工作者，又是语言艺术工作者，具有审美和示范作用，所以还必须具有一定的有声语言表达功力，同时兼具得体的形体形象。

● 再来说说电视新闻播音员主持人的魅力构成。

第一，思想意识的人文化。人文精神、人文关怀对电视新闻播音员主持人的职业素养以及魅力构成具有特殊意义。除了要做好党和人民的"传声筒"，服务于大众，还应该在大众传媒中把"上情下达、下情上传"的工作做好。在这个过程当中，人文精神、人文关怀就显得尤为重要。具体来说，应该做到两点：一是将传播视角从"俯视"转为"平视"，二是要具有强烈的社会责任感、正义感。

第二，知识储备的专业化。传媒的发展让电视新闻节目的细分化、专业化竞争成为必然趋势。在激烈的竞争中，电视新闻播音员主持人只有能够运用专业化的知识储备为受众提供信息服务，才能够真正赢得受众的信任和喜爱。具体来说，应该从以下两方面入手：一方面，电视新闻播音员主持人的知识结构要更加专业化；另一方面，还应该能够创造性地运用相关知识，并具备转化知识的能力和悟性。

第三，综合能力的职业化。综合能力的职业化有狭义和广义两个层面。狭义的职业化，是指对某种职业相关技能的熟练掌握，拥有较为丰富的操作技能和方法。但是狭义的职业化也有消极的一面，那就是会有职业化的思维定式、语言定式、行为定式，会让播音员主持人的工作变为机械重复，丧失激情、表现力和新鲜感。广义的职业化则强调职业化的深层本质，是指对职业特点和职业角色深刻而全面的认识和把握。广义的职业化表现为：一是在节目中充分展示新闻工作者的素质和修养，二是在现场具有良好的临场控制力和应变能力。

第四，创作风格的个性化。电视新闻播音员主持人追求个性化传播突出表现在：一是个性化的电视新闻播音员主持人应该与栏目融为一体，并且是栏目的形象代言人和栏目的品牌，拥有众多的忠实受众；二是个性化的新闻播音员主持人具有很强的号召力，他们的个人魅力明显影响着受众和收视率，一旦更换主持人或者节目改版，都会有所反映；三是个性化的电视新闻播音员主持人同时具有个性化的气质；四是个性化的电视新闻播音员主持人能够长期得到受众喜爱，最根本的原因是其内在的积淀和创造力。

> **要点总结**
>
> 第一，电视新闻播音员主持人的素质构成：过硬的政治素质、扎实的新闻素质、丰富的文化素养、精湛的专业素养。
>
> 第二，电视新闻播音员主持人的魅力构成：思想意识的人文化、知识储备的专业化、综合能力的职业化、创作风格的个性化。

> **线下思考和练习**
>
> 1. 为什么电视新闻播音员主持人的政治素质尤为重要？
> 2. 如何理解电视新闻播音员主持人的"杂家"素养？
> 3. 怎样的电视新闻播音员主持人会更具"魅力"？

1.3 电视新闻播音主持创作

1.3.1 电视新闻播音主持创作要素

电视新闻播音主持创作要素

? 请带着思考来学习如下内容：
电视新闻播音主持创作要素有哪些？

● 先来说说电视新闻播音主持创作要素。

电视新闻播音主持创作活动由很多要素组成。其中，创作主体（包括播音员主持人）、创作客体（包括节目、稿件、画面、音响等）、受众（包括听众和观众）是基本要素。下面主要介绍创作主体和创作客体两个要素。

第一，创作主体。创作主体指新闻播音创作活动中的主体，也就是电视新闻播音员主持人。他们必须运用有声语言和副语言，必须以有声语言为主干或主线，通过语言完成对新闻节目、稿件的传播。

作为创作主体，电视新闻播音员主持人都是新闻工作者。创作主体可以有自己的个性特点，但必须将个性和大局有机地统一起来。虽然在节目中以个人身份和个性特点示人，但体现的是集体劳动的成果、集体智慧的结晶，体现的是国家、政党以及媒体的态度和立场。

第二，创作客体。创作客体也称创作依据、创作素材，是电视新闻播音主持创作活动的重要构成，包括节目、稿件、画面、音响等。

我们主要讲的是稿件，它是播音主持创作依据中的基本元素，按照不同的标准分为很多种，这里主要指文字稿件或腹稿。

各种创作客体的共同特点：可感性，即图像、音响可以被直接感受到，文字稿件可以唤起创作主体的感受能力；可变性，即文字稿件具有丰富的内涵，创作主体可以根据自己的理解激发播讲欲望；二度性，即播音主持创作是在文字稿件的基础上进行的再一次表达；局限性，即播音主持创作虽然有发挥的空间，但是必须遵循原稿的主旨进行创作。

> 🔍 **要点总结**
>
> 　　第一，电视新闻播音主持创作要素包括创作主体、创作客体和受众等。
> 　　第二，创作主体包括播音员主持人，创作客体包括节目、稿件、画面、音响等。
> 　　第三，创作客体也称创作依据、创作素材，是电视新闻播音主持创作活动的重要构成。

> 📖 **线下思考和练习**
>
> 1. 为什么电视新闻播音主持工作是创作活动？
> 2. 为何电视新闻播音员主持人是创作主体？
> 3. 电视新闻播音员主持人最主要的创作依据是什么？

1.3.2　电视新闻播音主持创作方法和要求

> ❓ **请带着思考来学习如下内容：**
>
> 什么是正确的播音创作道路？
> 具体的电视新闻播音主持创作技巧有哪些？

电视新闻播音主持创作方法和要求

● 先来说说电视新闻播音主持创作方法。

坚持正确的播音创作道路。

电视新闻播音员主持人要站在无产阶级党性和政策的立场上，以新闻工作者特有的敏感，把握国内外形势的发展变化和人民群众的思想实际，准确及时地、高效率高质量地完成"深入理解——具体感受——形之于声——及于受众"的过程，以积极自如的话筒前状态进行有声语言的再创造，达到恰切的思想感情与尽可能完美的语言技巧的统一，体裁风格与声音形式的统一，准确、鲜明、生动地传达出稿件的精神实质，发挥广播电视教育和鼓舞广大人民群众的作用。

坚持正确的播音创作道路，首先就要坚持播音创作的党性原则；其次要坚持播音创作的真实性原则；再次要坚持播音创作中的时效性原则；最后要很好地把握创作环节的有序性和创作要素的协同性。

● 再来说说电视新闻播音主持创作技巧。

电视新闻播音主持的创作可以大致分为有稿播音主持和无稿评述两部分。我们都知道播音主持总的要求：有稿播音锦上添花，无稿播音出口成章。那么怎么才能做好呢？下面我们就播音主持创作的内部技巧和外部技巧进行简要概述。

内部技巧指有声语言表达前通过文字稿件所能调动起来的内心感受，是播音主持创作的一种心理活动。情感的调动是播音主持创作活动的核心和关键，通常所说的"内三"指情景再现、内在语、对象感三个主要的内部技巧。

第一，情景再现：创作者把文字稿件所表述的具体场景和细节像过电影一样在脑海里呈现，以激发创作情感。一般分为四个步骤：理清头绪、设身处地、触景生情、现身说法。

第二，内在语：主要指那些不便表露、不能表露或者没有完全表露出来和没有直接表露出来的语句关系和语句本质。

第三，对象感：在播音主持时，一定要预先设定好受众，对受众设想得越具体，交流感就会越强烈。同时对象感也是激发创作激情的一种手段。

内心的感受和情感必须依靠语言的具体技巧才能表达出来，我们称之为外部技巧。通常所说的"外四"指停连、重音、语气、节奏四个主要的外部技巧。

第一，停连：停，指停顿；连，指连接。有了停顿和连接，语言表达就有了变化。

第二，重音：表达中需要强调的字、词或词组。我们应该明白，重音不一定要重读，只要能够把想强调的部分表现得不同就足以达到强调的目的了。

第三，语气：语句的声音形式。语气由具体的思想感情和声音形式构成。思想感情，即态度；声音形式，即语势。

第四，节奏：表达时抑扬顿挫、轻重缓急的声音形式的回环往复。节奏的运用，要掌握欲抑先扬、欲扬先抑，欲快先慢、欲慢先快，慢中有快、快中有慢，欲停先连、欲连先停，欲轻先重、欲重先轻等方法。

● 最后说说电视新闻播音主持创作要求。

电视新闻播音主持创作不仅要准确、清晰地表达，还应该具有一定的美感和规格：

"字正腔圆，呼吸无声"——言简意赅的无噪声传播。
"感而不入，语尾不坠"——有动于衷的无滞留传播。
"语势平稳，节奏明快"——有张有弛的无板结传播。
"新鲜感强，基调各异"——一吐为快的无定式传播。
"分寸恰切，语流畅达"——主次分明的无损耗传播。

1 电视新闻播音主持概述

这个规格,是根据新闻传播的基本要求和新闻要素的基本架构综合而来的,是我国新闻传播经验和各国新闻传播特点融合而成的。我们在认识上、驾驭中,都还存在一定差距;应该加以重视,并在教学中认真落实。

> **要点总结**
>
> 第一,坚持正确的播音创作道路,把握好"深入理解——具体感受——形之于声——及于受众"的过程。
>
> 第二,电视新闻播音主持创作仍然要遵循"内三""外四"的表达创作基础。
>
> 第三,电视新闻播音主持创作不仅要准确、清晰地进行表达,还应该具有一定的美感和规格。

> **线下思考和练习**
>
> 1. 如何理解电视新闻播音主持正确创作道路中的"深入理解""具体感受"之关联?
> 2. 讨论在电视新闻播音主持创作中表达技巧与新闻特性之间的关系。
> 3. 为何电视新闻播音主持的语言表达应该具有一定的美感和规格?

1.3.3 电视新闻播音主持创作的稿件准备

> **请带着思考来学习如下内容:**
> 拿到新闻稿件应该怎样进行准备?
> 在时间紧迫的情况下,如何进行快速备稿?

电视新闻播音
主持创作的
稿件准备

● 在电视新闻有稿播音创作中,首先要做的是准备稿件,具体可分为以下六步。

第一步:划分层次。依据稿件内容重新组织、安排文字稿件的结构,可以进行归并和划分。归并是将相同、相近自然段归并在一个部分。划分是将一个较大的自然段划分为若干小层次,以便清楚地表达。

第二步:概括主题。将稿件的中心思想用较为精练的语言概括出来。

第三步:联系背景。任何稿件及稿件所反映的事物都不是孤立的,其发生、发展都是在一定的背景下的。创作主体要联系的背景是指播出背景。有时播出背景与稿件写作背景是相同的，如新闻性稿件。还有时稿件是过去写好的，现在根据舆论宣传形势的需要播出。这就有一个"时间差"，这种情况应以播出背景为依据。

第四步：明确目的。播出目的由背景生发而来。"目的"就是要解决"背景"中存在的问题。目的统领全篇。

第五步：找出重点。要把播出目的落实到稿件中去，就要很好地分清稿件主次。主要部分可能集中在一个段落或层次上，也可能散见于全篇。创作主体要善于处理主次关系。

第六步：确定基调。基调是稿件总的感情色彩和分量。基调统一中不乏变化，但变化不能离开统一。"统一"是主旋律，"变化"是主旋律上的变奏，综合协调，力争和谐统一。

● 再来说说快速备稿。

前文讲解了备稿六步的详细步骤，但是在现实工作中，尤其是在比较紧急的情况下，有的时候我们需要使用"三步并作两步走"的快速备稿方法。

快速备稿时，我们需要在较短时间内完成如下主要准备工作：

第一遍快速阅读。根据以往对新闻稿件的结构的判断迅速划分出层次，概括出主题。同时要把稿件当中不熟悉的细节和不确定读音的字词勾画出来，以便进一步查询和确认。

第二遍熟悉稿件时，要联系背景，明确稿件的传播目的，找出稿件的重点，确定好播音的基调。同时也可以把具体的停连、重音、语气、节奏等外部技巧在稿件上做好标注，方便准确表达。

在正式播音之前，一般还有一些时间，或者在播完前面一条内容后还有播放成片的时间，我们可以利用这些时间对稿件进行精加工。

快速备稿还需注意以下两点：第一，由于时间紧迫，可以在快速备稿时出声。这样做一是调动吐字发声器官；二是可以让不顺的地方凸显出来，以便及早发现从文字稿件转化为口语时存在的问题。第二，要常年在演播室准备一本最新版本的权威汉语词典，随时翻阅查找字词的读音和解释。养成翻阅词典的习惯是非常必要的，只要字音稍有不确定就一定要查找确认，绝不能心存侥幸，否则可能贻笑大方。

更为重要的是平时多练基本功，多看报，多关注新闻动态。消息有相对固定的格式和写作方法，如果此类稿件接触得多了，哪怕是急稿，也能准确地脱口而出。总之，在没有充分时间准备的情况下，平时广博的知识储备（也就是广义备稿）以及丰富的经验积累，都能够很有效地辅助完成快速备稿。

> **要点总结**
>
> 第一，拿到新闻稿件要遵循划分层次、概括主题、联系背景、明确目的、找出重点、确定基调的备稿六步方法。
>
> 第二，在时间紧迫的情况下，准备稿件的六大步骤可能来不及逐步去落实，有的时候我们需要使用"三步并作两步走"的快速备稿方法。

> **线下思考和练习**
>
> 1. 拿到新闻稿件就上口试着播读的习惯是否正确？
> 2. 为什么有的人稿件分析得很细致、很准确，却播不好新闻？
> 3. 为什么优秀的、资深的播音员即使毫无准备也能将急稿播好？
> 4. 在紧急情况下，保证安全播出和精准播好稿件哪个更重要？又如何做到二者兼顾？

电视新闻播音主持创作的稿件准备（课堂实践）

1.4 副语言及其运用

1.4.1 电视新闻播音主持副语言的界定和作用

电视新闻播音主持副语言的界定和作用

> **?** 请带着思考来学习如下内容：
>
> 什么是副语言？
> 副语言都有哪些作用？

● 语言对于人际交往很重要，但是，如果将人际交往的手段和技巧仅仅归结为语言，那就太简单化了。事实上，人们时常自觉不自觉地通过目光、面部表情、身体姿势、穿着打扮、接触方式、空间距离等体态语言来表达自己的情感和意愿，这些并非有声语言，但却在交流当中起着十分重要的作用，我们将其归为副语言。

心理学研究结果表明，从人们获取信息的渠道来看，只有11%的信息是通过听觉获得的，83%是通过视觉获得的。美国心理学家艾帕特·梅拉别恩从众多实验中得到了这样一个公式：信息的效果=7%的文字+38%的音调+55%的面部表情。从中可见副语言在信息传达中所起的重要作用。英国心理学家米歇尔等人曾做过一个实验，他们发现：当语言信号和非语言信号不一致时，人们更加相信非语言信号所代表的意义。

这种负载着一定信息并辅助有声语言共同完成和完善表达任务的非语言因素，在语言学上称为副语言。副语言中最为重要的是体态语言。体态语言，又名举止神态语言（Body Language），俗称手势、表情，它与口头语言均为传情达意的手段。有时，体态语言还能传达某些无法用唇齿表达的信息。在信息交流中，体态语言是不可或缺的一种形式。体态语言主要有头部运动、面部表情、各种眼神、身体姿态、手势和足部运动等。

● 那么什么是副语言呢？

副语言包括眼神、面部表情、体态、服饰、时空感觉显示等。

前几种副语言不难理解，时空感觉显示则是指广播中话筒的距离变化，筋肉感觉造成的气息、声音状态；电视中灯光强弱、镜头焦距，背景中季节、环境气氛显示等。

在电视新闻播音主持创作中，副语言主要是由体态系统和境态系统组成的表情达意、传递信息的符号系统。体态系统由传播主体的面部表情、身体动作以及服装配饰等组成。境态系统则由与传播主体活动相关的传播环境构成。

● 再来说说副语言的作用。

副语言具有特殊的交际功能，在日常生活中如此，在播音主持中更是如此。在播音创作中，副语言具有补充言语信息、替代言语信息、强调言语信息、否定言语信息、重复言语信息、调节言语信息等功能和作用。

准确、精巧、简洁而清晰地运用副语言交际艺术的关键，在于摸清副语言习俗的一般特征，也就是它的普遍规律。只有明确了副语言的作用，把握了副语言的规律，才能更好地为电视新闻播音主持锦上添花。

> **要点总结**
>
> 第一，副语言包括眼神、面部表情、体态、服饰、时空感觉显示等。
> 第二，在播音创作中，副语言具有补充言语信息、替代言语信息、强调言语信息、否定言语信息、重复言语信息、调节言语信息等功能和作用。

线下思考和练习

1. 通过播放电影片段做个实验：先不看画面，只听一个片段，然后边看边听，体验一下对人物和剧情把握的不同感受。
2. 你在何种情境下，更愿意看电视节目或者听广播节目？为什么？

电视新闻播音主持副语言的体现规律、设计和运用

1.4.2 电视新闻播音主持副语言的体现规律、设计和运用

? 请带着思考来学习如下内容：

运用副语言应该遵循哪些规律？
如何正确使用副语言？

● 先来说说副语言在播音创作中的规律和特征：
突出形象性，增强可感性。巧用符号性，辅助表意性。
注重民族性，体现传承性。利用伴随性，提升互动性。
加强协同性，把握整体性。拓展可塑性，发挥创造性。

● 再来说说如何进行副语言的设计。

在说话过程中，副语言具有特殊的表达功能，但它毕竟只是完成表达任务的手段，而不是最终目标。对于口语表达来说，副语言具有辅助作用，在谈话过程中处于从属地位。正是这种从属地位决定了副语言的设计和运用必须由表达的内容、情绪、对象等因素来决定。由此，副语言的设计必须遵循以下几个基本原则：第一，服从内容表达的需要；第二，服从情绪表现的需要；第三，服从对象、场合的需要；第四，服从受众审美的需要。

● 那么如何正确运用副语言呢？

副语言的运用旨在协助有声语言更好地表达思想感情，因而必须做到：

第一，自然得体。自然是副语言的最基本要求。动作要自然，自然见真诚。

第二，简洁明了。动作要大众化，举手投足要符合一般生活习惯，简洁明了，易于被人们看懂和接受。要注意克服不良的习惯动作，避免无意义的多余手势。

第三，适度适宜。所谓适度，即动作要适量，以不影响听者听你说话的注意力为度，不要用得过多。所谓适宜，即动作必须与说话的内容、情绪、气氛协调一致，不故作姿态、故弄玄虚甚至手口不一。

第四，富有变化。说话时，适当重复动作往往能重现或强调原来的情绪。但不能总是重复一个动作，如果一种表情、一种手势贯穿始终，未免显得单调乏味、呆钝死板。因此，要善于随着内容和情绪的变化而适当地变换动作和姿态，使表达生动活泼、富有魅力。

> **要点总结**
>
> 第一，副语言的设计必须遵循以下几个基本原则：服从内容表达的需要；服从情绪表现的需要；服从对象、场合的需要；服从受众审美的需要。
>
> 第二，副语言的运用旨在协助有声语言更好地表达思想感情，因而必须做到：自然得体、简洁明了、适度适宜、富有变化。

线下思考和练习

1. 为什么电视新闻播音员主持人在节目中的表情举止和在日常生活中有所不同？
2. 为何电视新闻播音员会有面部表情，但不会有太多的肢体动作？
3. 分析一下自己喜欢的播音员主持人在外在形象和举手投足方面的特点。

电视新闻播音主持副语言应用（课堂实践）

02 电视新闻稿件播音

电视新闻稿件播音课程导入

电视新闻稿件播音

课程导入

从这一章开始我们来学习电视新闻稿件播音。

新闻是立台之本,在诸多电视节目当中,新闻类节目无疑是各家电视媒体最重要的内容之一。而在各种新闻类节目当中,新闻消息或各类资讯的播报又占有相当大的比例。可以说新闻消息播报是电视新闻传播中最具典型意义的一种方式。

时至今日,高水平的新闻播音依然是各家电视媒体塑造媒体形象的重要依据;准确、清晰地播报好新闻消息,也是评判新闻播音员、新闻主播业务素质和专业能力的一个重要因素。

本章将讲授电视新闻消息播音、电视新闻人物特写播音、电视新闻评论播音。这三类稿件播音在传统业务中被称为播音员的"业务三大件",也就是说播音员掌握了这三大业务能力才能胜任播音工作。

我们已经知道,播音是依据文字稿件进行的音声化的二度创作,电视新闻播音也是在电视新闻稿件基础上进行有声语言再创作,所以对于创作客体——新闻稿件的分析和理解就显得尤为重要。因此,在进行具体的电视新闻播音业务学习时,绝对不能忽视对于新闻稿件写作结构及特点的了解,这是准确理解和掌握新闻稿件的钥匙,也是播好新闻的创作基石。

在电视新闻消息播音的讲授中,我们将新闻消息按照内容分类,通过实例演示和讲解,帮助读者学习并掌握电视新闻消息播报的技巧和特点。通常人们习惯称消息类电视新闻节目为电视新闻,即狭义的电视新闻消息。它在电视新闻节目中处于重要地位,是新闻节目的主体、骨干。电视新闻消息是电视台实现国内外要闻总汇的主渠道,是受众了解国内外大事的主要窗口。中央电视台的《新闻联播》是消息类电视新闻节目的代表之一,也是大家可以参考的学习范本。

在电视新闻人物特写播音和电视新闻评论播音的讲授中,我们会先讲授相关概念界定和具体的分类及特点,再进一步通过实例演示来讲授进行播音创作时如何具体把握技巧和要领。

在接下来的学习当中,希望大家勤思考、多练习,还要关注并观摩电视媒体播出的新闻节目。

好,接下来我们一起进入"电视新闻稿件播音"的学习!

2.1 电视新闻稿件播音理论概述

2.1.1 新闻消息的"倒金字塔式"结构

新闻消息的
"倒金字塔式"
结构

> **?** 请带着思考来学习如下内容：
> 什么是消息的"倒金字塔式"结构？
> "倒金字塔式"结构的特征有哪些？

● 电视新闻消息的有声语言表达必须符合新闻创作的规律。对新闻消息的结构和特点等有全面的了解，有利于新闻消息稿件的有声语言创作。所以，我们先来了解一下新闻消息的结构和稿件的特点。

新闻消息的结构是指消息的整体与部分、部分与部分之间的组织关系，一般包括导语、主体、结尾、背景四个部分，背景材料并无一定格式和位置，可以灵活运用。

新闻消息的结构有很多种，最常见的是"倒金字塔式"结构，其他还有"螺丝式"结构、"编年体式"结构、"悬念式"结构、"散文式"结构等。

● 先来说说新闻消息的"倒金字塔式"结构。

新闻消息的"倒金字塔式"结构也称"倒三角"结构，是消息写作中最常用的一种结构方式。它以事实的重要程度或受众关心程度，先主后次地安排消息中各项事实内容，犹如倒置的金字塔或倒置的三角形，因而得名。它多用于事件性新闻消息的报道。

"倒金字塔式"结构起源于美国南北战争时期电报的运用。在战争期间，电报业务刚开始投入使用，记者的稿件通过电报传送，但由于电报技术上的不成熟和军事临时征用等原因，稿件时常不能完全传送。后来，记者们想出了一种新的发稿方法：把最重要的战况的结果写在最前面，然后按事实的重要程度依次写下去，"倒金字塔式"结构由此产生。

"倒金字塔式"结构消息按照新闻事件的结果、起因、经过的顺序来写，开头往往设置一个悬念，较具故事性，又称新闻故事。"倒金字塔式"结构消息的导语是一个"五 W"俱全的语段。"五 W"是新闻术语，指新闻中的

Who、What、When、Where、Why，也就是何人、何事、何时、何地、何因这五个要素。"倒金字塔式"结构消息的主体是对导语的扩展，即对"五W"的扩展。"倒金字塔式"结构消息的结尾可有可无，背景关联"何因"，或是对"何因"的补充，较简单的背景可放在导语，复杂的背景可放在主体的开头。

由于"倒金字塔式"结构便于记者迅速写作，又便于编辑删改与编排，同时利于受众快速获取信息，成为消息最常见的结构。

● 下面说说"倒金字塔式"结构的特征。

"倒金字塔式"结构的特征是头重脚轻地组织、安排材料，将新闻的高潮或结论放在最前面，然后按事实重要程度递减的顺序书写，借以突出最重要、最新鲜的事实。这种结构消息的导语尤为重要。

"倒金字塔式"结构消息的导语开门见山地陈述最重要、最新鲜或受众最关心的事实，可独立成章，成为"简明新闻"或一句话新闻。

"倒金字塔式"结构消息中叙事时间顺序有如下几种：

一是总体性倒叙：将最终结果或后发生且富有吸引力的材料置于篇首。

二是局部倒叙：在倒叙中采用顺叙手法，或在倒叙段落中穿插顺叙。

三是总体性顺叙：交代事件现在如何，进一步又如何发展。

● 最后说说"倒金字塔式"结构的优缺点。

优点：易于组织材料，行文简洁、明快，便于接收和编辑处理。可以快速构思，快编快删，从后往前删除段落，不会影响新闻要素。

缺点：形式少变化，导语、正文、标题容易重复；缺乏文采，不够鲜活，缺少个性。

> **🔍 要点总结**
>
> 第一，消息的"倒金字塔式"结构也称"倒三角"结构，以事实的重要程度或受众关心程度，先主后次地安排内容，犹如倒置的金字塔或倒置的三角形，多用于事件性新闻消息的报道。
>
> 第二，"倒金字塔式"结构的特征是头重脚轻地组织、安排材料，将新闻的高潮或结论放在最前面，然后按事实重要程度递减的顺序书写，借以突出最重要、最新鲜的事实。

> 📝 **线下思考和练习**
>
> 1. 新闻消息结构中最重要的是哪一部分？为什么？
> 2. 新闻消息结构中最灵活的是哪一部分？为什么？
> 3. 如果将长新闻删减成短新闻，那么新闻消息中导语、主体、结尾、背景四个部分可以删除的先后顺序是什么？

2.1.2 新闻消息的"非倒金字塔式"结构

新闻消息的"非倒金字塔式"结构

> ❓ **请带着思考来学习如下内容：**
>
> 新闻消息的"非倒金字塔式"结构主要有哪些？
> 事件性消息报道的结构主要有几种？
> 非事件性消息报道的结构主要有几种？

● 先来介绍一下"非倒金字塔式"消息结构的主要类别。

第一类是"金字塔式"结构：将结论、高潮、结局等放在最后，呈正三角形，这种结构消息多用延缓型、悬念型、描写型导语，也可不用导语。主要有三种结构：

一是延缓型结构，在开头吸引读者之后，不是将精彩内容一次性交代完毕，而是叙事跌宕起伏，逐渐向纵深延伸，最后以回味无穷的结尾结束。

二是悬念型结构，它是在延缓型结构上发展起来的，要求不断制造悬念，吸引读者兴趣。

三是"DEE"结构，又称"华尔街日报体"，DEE 是 Description（描写）、Explanation（解释）、Evaluation（评价）这三个词的英文缩写。其基本特征是：从描写具体的某个人或场面入手，对事件进行进一步揭示和恰当的背景分析，进而显示主题，引出结论。

第二类是"螺丝式"结构：取"倒金字塔式"结构的上部，将最重要、最新鲜、最吸引人的事实编写在导语里，是为"螺丝帽"；主体部分的材料在反映新闻事实的主题上处于相对重要的地位，是为"螺丝杆"；直到材料变得明显次要，是为"螺丝尖"。这种结构可采用除延缓型和悬念型以外的各种导语。

"螺丝杆"的写法主要有三种：

一是时间顺序法，按事实发生、发展、结束的顺序来写，脉络清楚，线条单一。

二是逻辑联系法，按照事物的内在逻辑联系安排材料，可按因果关系结构、并列关系结构、主次关系结构、从属关系结构来写。

三是结合方法，就是将时间顺序与逻辑联系结合起来的一种综合方法。

第三类是无导语结构：一气呵成、言简意赅、干净利落。

第四类是"散文式"结构：章法灵活、构思自如，结构方面主要强调散文的"形散神不散"。

● 下面说说事件性消息报道的结构，大体上包括三种：

第一，单线条过程结构：按事件的自然发展过程记述，叙述多用过去时或过去进行时。

第二，多线条过程组接结构：多线条平行进展，有时交叉进行。多用现场描述，使用现在进行时。

第三，多侧面组合结构：从多个侧面反映事实，适用于重大问题、重大事件的报道，有时一个侧面即可成篇，形成一组报道。

● 最后说说非事件性消息报道的结构，大体上包括两种：

第一，以虚代实式：通篇框架建立在抽象的理论、思想上，是"虚"的，而具体材料的安排则打破时空限制，服从于"虚"的逻辑。经验性报道、问题性报道常用此种结构。

第二，就实论虚式：先报道事实，再在此基础上发表一些议论，大体有两种情况，即提炼出来的"虚"向着一个方向集中或是分散。每个单元的观点是独立的，彼此又存在一定的联系，但联系并不紧密，删去一两节无关紧要。如采访札记。

> **要点总结**
>
> 第一，新闻消息的"非倒金字塔式"结构主要有"金字塔式"结构、"螺丝式"结构、无导语结构、"散文式"结构等。
>
> 第二，事件性消息报道的结构大体上包括三种：单线条过程结构、多线条过程组接结构、多侧面组合结构。
>
> 第三，非事件性消息报道的结构大体上包括两种：以虚代实式、就实论虚式。

> **线下思考和练习**
>
> 1. 如果让你采制一则关于校园诚信的社会新闻报道，可以采用哪种稿件结构方式？
> 2. 如果让你采写一篇关于学生榜样的新闻人物专稿，可以采用哪种稿件结构方式？

2.1.3 新闻消息稿件的特点

> **请带着思考来学习如下内容：**
> 电视新闻消息写作语言的特点是什么？

新闻消息
稿件的特点

电视新闻播音是在新闻稿件基础上进行的有声语言二度创作，为了能够准确高效地进行新闻稿件的音声化表达，必须对新闻稿件进行分析和了解。先认识新闻消息写作语言的特点，正是为播好新闻消息所做的关键准备。

● 先来说说新闻消息写作的基本要求。

新闻消息写作需注意以下三个方面：

一是选词。新闻消息用词一定要准确、浅显，还要符合视听的习惯，用词应该准确无误。

二是造句。新闻消息的句子要简短，多用口语化的句子，便于播、易于听。

三是谋篇。新闻消息的谋篇要以有效地吸引受众、更好地传播主旨为第一目标。

新闻消息写作的基本要求有如下四点：

一是主旨集中。做到一事一报道，主旨明确，一目了然。

二是短小精悍。新闻消息要求言简意赅，电视新闻消息播放时长通常只有1至2分钟。

三是要素周全。具备五个"W"和一个"H"等要素。

四是层次分明。新闻消息的结构形式有很多种，应根据新闻内容确定合适的结构形式。

● 再来说说新闻消息稿件的语言特点。

一是准确无误。坚持新闻真实性的原则,除了新闻事实真实以外,语言的运用也必须准确。准确,就是反映事物最本质、最切实的状况,不含糊、不笼统、不模棱两可。

二是简洁明快。新闻消息要求快而短,这就决定了新闻消息语言要简明扼要、直截了当,不能拖泥带水、拖沓冗长。要尽量用最少的文字及时、准确地报道事实真相。

三是朴素实在。新闻消息用朴素、实在的语言报道新闻事实,这也是区别于其他文体语言的主要标志之一。朴素即自然,自然本身就有一种独具个性的和谐的内在美;实在就是表述时忌矫揉造作、渲染夸张。新闻消息的语言不能油腔滑调、花里胡哨。

四是鲜活生动。新闻消息要及时、准确地反映丰富多彩、发展变化的客观事物,因此,新闻消息的语言必须清新优美、富有动感,并且能够引人注意、耐人寻味。新闻的新鲜感决定了新闻消息语言的鲜活生动,这也是其特征之一。

> **要点总结**
>
> 第一,新闻消息语言的基本特点:准确无误、简洁明快、朴素实在、鲜活生动。
>
> 第二,新闻消息写作的基本要求:主旨集中、短小精悍、要素周全、层次分明。

新闻消息
稿件的结构
(课堂实践)

> **线下思考和练习**
>
> 1. 通过分析新闻消息把握消息类新闻稿件的语言特点。
> 2. 通过分析新闻通讯把握通讯类新闻稿件的语言特点。
> 3. 通过分析新闻评论把握评论类新闻稿件的语言特点。

2.2 电视新闻消息播音

2.2.1 国内时政要闻播音

? 请带着思考来学习如下内容：
什么是国内时政要闻？

国内时政
要闻播音

我们在收看电视新闻的时候都会有这样一种体会，那就是往往国家的大政方针、国家领导人的政治工作以及世界政治格局和社会变革等都会在新闻节目的开头先播出，比如说国家各部委出台了一系列新的政策措施、国家领导人会见了哪些外国元首、社会不同领域发生了哪些重要的事件等。这是因为国家的大政方针和国家领导人的政治工作以及社会重大事件都关系到社会的全局，与百姓的生活息息相关，具有全民关注的特性。

● 国内时政要闻是关于国家政治生活中新近或正在发生的事实的报道，主要包括政党、社会集团、社会势力在处理国家生活和国际关系方面的方针、政策和活动。

由于观看电视新闻节目不能像阅读报纸一样可以自己选择新闻消息去了解，而是必须逐条地按照编辑好的顺序去收看，因此这些时政要闻往往会在新闻节目中按照"重要性递减"原则先后播出。

● 在具体稿件的分析和处理中，为方便起见，并结合实践经验，可以用双斜杠"//"表示停顿，单斜杠"/"表示短时停顿，下弧线"⌒"表示连接，符号"v"表示气口，下划双线"="表示主要重音或语流中语势起伏变化较大的词与词组，下划单线"—"表示次要重音或者语流中语势起伏变化程度次于"="标注的词与词组，横线部分包含了部分重音和主要信息，也是需要着重表达的内容。

示例1 会见

习近平会见土耳其总统

当地时间7月4日下午，国家主席习近平在阿斯塔纳出席上海合作组织峰会期间会见土耳其总统埃尔多安。

习近平指出，中土关系保持稳定发展势头。中土同为发展中大国、"全球南方"成员，在追求各自国家发展振兴、维护国际关系准则等方面拥有广泛共识。双方要支持彼此维护核心利益，不断巩固政治互信，推进高水平互利合作，推动中土战略合作关系取得更大发展。

习近平强调，中方支持土耳其走符合自身国情的发展道路，鼓励双方拓展贸易，支持中国企业加大对土耳其投资，有序推进基础设施项目合作，鼓励更多中国公民赴土耳其旅游。中土在巴以冲突、乌克兰危机等问题上有不少相同或相近看法，应该密切沟通。中方愿同土方加强在联合国、二十国集团等多边框架内协调配合。

埃尔多安表示，土方高度重视发展对华关系，坚定不移致力于推进两国各领域互利合作，坚定不移恪守一个中国原则，尊重中国的主权和领土完整。中国是土耳其在世界和亚洲的最重要经贸合作伙伴。土方欢迎更多中国企业赴土投资，欢迎更多中国游客赴土旅游，希望双方进一步加强共建"一带一路"同土方发展战略对接，扩大经贸、基础设施、清洁能源等领域合作。土方赞赏中方为促进世界和平作出重要贡献，包括在巴勒斯坦问题上秉持公平公正立场，希望同中方加强多边沟通协作。

蔡奇、王毅等参加会见。

（《新闻联播》2024年7月5日）

示例2 会议

全国政协召开双周协商座谈会 围绕统筹乡村基础设施和
公共服务布局协商议政 王沪宁主持

十四届全国政协第二十一次双周协商座谈会12日在京召开，中共中央政治局常委、全国政协主席王沪宁主持会议。他表示，中共十八大以来，以习近平同志为核心的中共中央坚持把解决好"三农"问题作为全党工作的重中之重，带领全国各族人民打赢脱贫攻坚战，全面建成小康社会，全面实施乡村振兴战略，推广"千万工程"经验，乡村建设和农业农村发展取得历史性成就、发生历史性变革。围绕统筹乡村基础设施和公共服务布局协商议政，要深入学习领会习近平总书记相关重要论述，深入学习贯彻中共二十大和即将召开的二十届三中全会精神，增强履职建言的针对性和实效性。

王沪宁表示，广大政协委员要围绕全面推进乡村振兴，聚焦统筹乡村基础设施和公共服务布局中的重点问题，深入农村基层和一线，拓展研究视域和深度，提出更多针对性、操作性强的对策建议，助推各项政策部署落地见效。要广泛宣传中共中央关于"三农"工作的大政方针，宣传新时代以来我国农业农村农民发生的新变化、展现的新面貌，营造全社会关心、支持、参与乡村建设的良好氛围。

多位全国政协委员和基层代表发言。大家认为，要统筹新型城镇化和乡村全面振兴，统筹城乡基础设施规划、建设、管护，分类有序推进村庄建设；要提升乡村基础设施和公共服务水平；要加强乡村卫生健康服务；要优化乡村公共文化空间布局和教育、养老等服务，建设宜居宜业和美乡村。

国家发展改革委、农业农村部、国家卫生健康委负责同志介绍有关情况，并同政协委员协商交流。

(《新闻联播》2024 年 7 月 12 日)

示例3　政令通告

中央军委主席习近平签署命令　授予陆军某旅一营二连荣誉称号

中央军委主席习近平日前签署命令，授予陆军某旅一营二连"模范火箭炮兵连"荣誉称号。

该连1937年组建，参加过塔山阻击战、金城战役、炮击金门等战役战斗。近年来，该连坚持用习近平强军思想建连育人，赓续优良传统，聚力备战打仗，锻造"四铁"过硬连队，圆满完成多项重大任务。

命令要求，全军部队要向他们学习，持续深化党的创新理论武装，坚定理想信念，筑牢政治忠诚，强固听党话、跟党走的思想根基；狠抓练兵备战，加强实战化针对性训练，加快提高打赢能力，锻造能打仗、打胜仗的精兵劲旅；锤炼过硬作风，发扬一不怕苦、二不怕死的战斗精神，培塑敢于斗争、敢于亮剑的意志品质，砥砺新时代革命军人的血性胆魄。

中央军委号召，全军部队和广大官兵要坚持以习近平新时代中国特色社会主义思想为指导，深入贯彻习近平强军思想，深入贯彻新时代军事战略方针，深刻领悟"两个确立"的决定性意义，增强"四个意识"、坚定"四个自信"、做到"两个维护"，贯彻军委主席负责制，坚持政治建军、改革强军、科技强军、人才强军、依法治军，提高捍卫国家主权、安全、发展利益战略能力，为如期实现建军一百年奋斗目标、加快把人民军队建成世界一流军队不懈奋斗。

（《新闻联播》2024 年 7 月 9 日）

要点总结

国内时政要闻是关于国家政治生活中新近或正在发生的事实的报道，主要包括政党、社会集团、社会势力在处理国家生活和国际关系方面的方针、政策和活动。

线下思考和练习

国内时政
要闻播音
（课堂实践）

练习 1　会见

李强会见秘鲁总统

国务院总理李强 28 日在京会见来华进行国事访问的秘鲁总统博鲁阿尔特。

李强表示，中秘友好源远流长。习近平主席同总统女士举行会谈，为中秘关系持续健康发展作出新的规划。中方愿同秘方一道遵照两国元首战略引领，弘扬传统友好，以高质量共建"一带一路"为引领，持续扩大贸易规模，深化矿业、基建、新能源等领域合作，加强人文交流，推动中秘全面战略伙伴关系不断迈上新台阶。双方要加强在联合国等多边机制的沟通协调，为推动构建人类命运共同体作出积极贡献。

博鲁阿尔特表示，秘中友好深入民心。秘方恪守一个中国原则，愿同中方拓展共建"一带一路"框架下合作，加强多边协作，共同促进世界和平与发展。

吴政隆参加会见。

（《新闻联播》2024 年 6 月 28 日）

练习 2　会议

李强主持召开国务院党组会议　学习贯彻习近平总书记在党的二十届三中全会上的重要讲话和全会精神　丁薛祥出席

7 月 19 日，国务院总理、党组书记李强主持召开国务院党组会议，学习贯彻党的二十届三中全会精神。

会议指出，习近平总书记在全会上所作的工作报告和重要讲话，系统总结了党的二十届二中全会以来党和国家事业发展取得的重大成就，对贯彻落实全会精神、做好各方面工作提出了明确要求。全会审议通过的《中共中央关于进一步全面深化改革、推进中国式现代化的决定》，以习近平新时代中国特色社会主义思想为指导，总结运用改革开放以来特别是新时代全面深化改革的宝贵经验，科学谋划了围绕中国式现代化进一步全面深化改革的总体部署，是指导新征程上进一步全面深化改革的纲领性文件。国务院党组和国务院各部门要把学习好贯彻好全会精神作为当前和今后一个时期的一项重大政治任务，当好贯彻落实党中央决策部署的执行者、行动派、实干家。

会议强调，要全面落实全会作出的改革部署，统筹推进各领域改革，加强改革举措协调配套，确保改革的各项任务落到实处，确保改革的最终效果符合党中央决策意图。要突出抓好经济体制改革并充分发挥其牵引作用，既立足当下又着眼长远，进一步解放和发展社会生产力、激发和增强社会活力。要以改革精神推进各项工作，从实际出发创造性开展工作，把进一步全面深化改革的战略部署转化为推进中国式现代化的强大力量。

丁薛祥、何立峰、张国清、刘国中、王小洪、吴政隆、谌贻琴出席。

（《新闻联播》2024 年 7 月 19 日）

练习 3　政令通告

李强签署国务院令　公布《公平竞争审查条例》

国务院总理李强日前签署国务院令，公布《公平竞争审查条例》（以下简称《条例》），自 2024 年 8 月 1 日起施行。《条例》共 5 章 27 条，主要规定了以下内容。

一是明确审查范围。行政机关和法律、法规授权的具有管理公共事务职能的组织,起草涉及经营者经济活动的法律、行政法规、地方性法规、规章、规范性文件以及具体政策措施,应当依照本条例规定开展公平竞争审查。二是规定国务院、国务院市场监督管理部门、县级以上地方人民政府在公平竞争审查工作中的职责。三是明确审查标准。四是明确审查机制。五是强化监督保障。

(《新闻联播》2024年6月13日)

2.2.2 国际时政要闻播音

国际时政要闻播音

> **? 请带着思考来学习如下内容:**
> 什么是国际时政要闻?

● 时政要闻也包括某个时间段内发生的国际新闻。国际新闻包括政治、经济、军事、文化、科技、环境等方面的信息,涵盖的领域非常广泛。具体来说,政治类国际新闻通常包括国家之间的关系、政治危机、选举、外交、政策变动等;经济类国际新闻关注国家间的贸易、能源、货币政策等重大经济问题;军事类国际新闻涉及各国的军备竞赛、军事部署、战争等;文化类国际新闻涉及不同国家间文化和社会价值的不同和交流;科技类国际新闻包括科技的发展趋势、新科技产品的发布、计算机病毒的传播以及网络安全等;环境类国际新闻则涉及全球变暖、自然灾害、环境污染等环境问题。总之,国际新闻是一个包罗万象的领域,可以涉及几乎所有的方面。具体的国际新闻还会根据时事和地区的不同而有所变化。

国际时政要闻主要指国家之间的关系、政治危机、选举、外交、政策变动等方面的最新消息和动态。

示例1 国际政治

联合国人权理事会核可中国参加第四轮国别人权审议报告

近日,正在瑞士日内瓦举行的联合国人权理事会一致核可中国参加第四轮国别人权审议报告。中国代表介绍了中国政府对各国在国别人权审议期间向中国所提建议的立场,以及中国政府承诺采取的30项人权保障新举措的阶段性进展,进一步阐述了中国人权发展道路、理念和成就,强调中国将坚持以人民为中心的发展思想，在中国式现代化进程中稳步提升人权保障水平，为世界人权事业健康发展不断作出新的贡献。

（《新闻联播》2024 年 7 月 7 日）

示例 2　国际冲突

巴媒称加沙地带汗尤尼斯一所医院附近遭以军空袭

据巴勒斯坦媒体报道，2 日加沙地带汗尤尼斯一所医院附近遭到以色列军方空袭，造成至少 9 人死亡，另有多人受伤。以军方称，以军战机当天空袭汗尤尼斯，目标包括巴勒斯坦伊斯兰抵抗运动（哈马斯）的武器库等。

联合国近东巴勒斯坦难民救济和工程处 2 日称，以色列 1 日发布要求汗尤尼斯民众撤离的通知，预计影响约 25 万人。

黎巴嫩与以色列边境地区冲突持续

黎巴嫩国家通讯社 2 日报道称，黎南部多地遭以色列袭击。以军方当天称，以色列北部遭 15 枚来自黎巴嫩方向火箭弹的袭击。据伊朗媒体 2 日报道，伊朗外交关系战略委员会主席哈拉齐表示，如果以色列对黎巴嫩真主党发动全面进攻，这可能将引发一场地区战争，伊朗将支持黎巴嫩真主党。

（《新闻联播》2024 年 7 月 3 日）

> **要点总结**
>
> 国际时政要闻主要指国家之间的关系、政治危机、选举、外交、政策变动等方面的最新消息和动态。

线下思考和练习

练习 1　国际政治

中国在联合国人权理事会作共同发言反对双重标准

19 日，中国代表在联合国人权理事会第 56 届会议代表"对话合作促人权之友小组"等作共同发言。发言指出，实现人人享有人权，是人类社会共同追求。人权理事会等国际人权机制应秉持公平正义，恪守联合国宪章宗旨和原则，遵循普遍、公正、客观、非政治化、非选择性原则，坚决反对双重标

国际时政
要闻播音
（课堂实践）

准、恃强凌弱和单边主义，为各国在平等和相互尊重基础上开展建设性对话与合作发挥应有作用。

（《新闻联播》2024年6月20日）

练习2　国际冲突

以军称空袭加沙地带数十个目标　巴武装称继续与以军作战

以色列国防军26日称，以军空袭了加沙地带巴勒斯坦武装组织的火箭弹发射场等数十个目标，并在加沙地带南部地区打死了一名走私武器的巴武装人员。

据巴勒斯坦媒体26日报道，以军当天持续袭击加沙地带北部的杰巴利耶难民营和中部的努赛赖特难民营等地，造成更多平民死伤。巴武装组织派别26日称，继续在加沙地带南部拉法与以军作战。

黎以边境紧张局势持续　黎制订公共卫生应急计划

黎以边境局势持续紧张。以色列国防军26日称，以军战机空袭了黎巴嫩南部多个真主党武装军事基础设施，并炮击了黎南部多地。据黎巴嫩媒体当天报道，以军炮击造成黎南部部分地区燃起大火，黎东南部也遭以军空对地导弹袭击，造成至少5人受伤。另据黎巴嫩公共卫生部门26日的消息，为应对可能的冲突升级，该部门制订了公共卫生应急计划。

（《新闻联播》2024年6月27日）

新闻简讯播音

2.2.3　新闻简讯播音

❓请带着思考来学习如下内容：

什么是新闻简讯？

● 简讯又称短讯、简明新闻，就是用最简洁、最概括的语言报道事实的新闻文体。

新闻简讯是在报道最新发生的事件时，提供简要、迅速的资讯，通常只包括必要的关键信息，如谁、什么、哪里、何时、为什么以及如何。因此，新闻简讯通常比较短,不包含详细的解释或分析。此外,新闻简讯的语言风格也更为简洁、直接,以便快速传达信息。

● 在一档资讯类节目当中,新闻简讯大致包含这样一些内容:

第一,政治新闻:涉及国家之间的政治关系、领导人的活动、国际组织的事务等。

第二,经济新闻:涉及全球经济形势、国际贸易、金融市场、投资活动等。

第三,冲突与战争:涉及国际冲突、战争、恐怖主义活动、军事行动等。

第四,环境与气候变化:涉及全球环境问题、气候变化、自然灾害等。

第五,科技与创新:涉及科技领域的新发现、创新成果、科技公司的动态等。

第六,文化与娱乐:涉及国际艺术、电影、音乐、体育等领域。

第七,社会问题:涉及人权、贫困、移民、健康、教育等。

第八,移民与难民:涉及全球范围内的移民、难民问题以及边境安全等。

第九,国际合作与发展:涉及国际组织、国际合作项目、发展援助等。

第十,科学与医疗:涉及全球科学研究、医疗领域的新发现、健康问题等。

以上只是一些常见的主要类别,实际上新闻简讯的范围非常广泛,涵盖了各个方面的内容。具体的新闻简讯还会根据时事和地区的不同而有所变化。

有时新闻简讯也会包括更多的细节、背景和相关信息,并可能包含记者的个人观点和分析,或者从多个角度对同一事件进行报道。此外,新闻简讯的语言风格也可生动、活泼。

总之,新闻简讯是快速传递最新资讯的方式。

示例1 国内简讯

300亿专项基金助力国企土地资产盘活

日前,国务院国资委批准成立的300亿国有企业土地资产盘活专项基金在北京启动。基金总规模达300亿元,期限10年,可延长两年。专项基金的成立标志着国有企业改革与土地资源优化配置迈出新步伐。

今年上半年新疆铁路双口岸通行中欧班列创新高

今年上半年,新疆铁路阿拉山口、霍尔果斯口岸通行中欧班列达7746列,同比增长8.2%。作为我国与中亚、中欧货物运输最重要的交通枢纽,今年以来,阿拉山口、霍尔果斯口岸每日通行中欧班列数量超过40列。

第二十三届环青海湖国际公路自行车赛今天开赛

第二十三届环青海湖国际公路自行车赛今天开赛，来自国内外22支队伍的154名运动员参赛。起点在西宁市，途经海东市、海南州，终点在海北州门源县，赛事总里程1214公里，平均海拔超3000米，将穿越山地、丘陵等赛段。

2024国家大剧院国际戏剧季开幕

2024国家大剧院国际戏剧季昨晚在北京开幕。本届戏剧季持续6个月，来自中国、俄罗斯、法国、英国等国家和地区的17台62场戏剧名作将陆续登台，涵盖音乐剧、默剧、戏曲等多种样式，题材广泛、类型丰富，让观众领略世界戏剧的多元风貌。

（《新闻联播》2024年7月7日）

示例2 国际简讯

佩泽希齐扬当选伊朗新一届总统

伊朗选举委员会今天宣布，马苏德·佩泽希齐扬在总统选举第二轮投票中获胜，当选伊朗新一届总统。在总计3000多万张选票中，佩泽希齐扬得票超过1600万张，前首席核谈判代表贾利利得票1300多万张。佩泽希齐扬生于1954年，曾任伊朗卫生部长、伊朗议会第一副议长等职。

英国新首相斯塔默组建内阁

5日，英国工党领袖基尔·斯塔默被英国国王查尔斯三世任命为英国首相。斯塔默随后组建内阁，其中安杰拉·雷纳为副首相，戴维·拉米为外交大臣，约翰·希利为国防大臣。

俄称对乌发动集群打击 乌称击退俄进攻

俄罗斯国防部5日称，过去一周俄军对乌克兰军用机场、军用能源设施等进行了集群打击。在哈尔科夫和顿涅茨克控制了多个定居点。乌克兰武装部队总参谋部5日称，俄军继续加大进攻行动，乌军在哈尔科夫、波克罗夫斯克等方向击退俄军进攻。

俄罗斯总统普京5日在与到访的匈牙利总理欧尔班会谈后表示，俄罗斯始终并将继续对通过政治和外交方式解决乌克兰问题持开放态度。

美国发生运载危险品火车脱轨起火事故

5日，一列运载危险化学品的火车在美国北达科他州脱轨并起火。据美国媒体6日报道，大火仍在燃烧。当地官员说，有29节车厢脱轨，列车上装载着氨、硫和甲醇等化学品。火车脱轨原因仍在调查中。

（《新闻联播》2024年7月6日）

● 最后概括一下新闻简讯播音的注意事项：

第一，简讯一般是200字以内的短消息。简讯虽短，却应是一个完整的消息，新闻要素俱全。

第二，播报新闻简讯可采取男女声轮流播报或者一个人播报的形式，要注意开头和结尾的语势起落，每条消息结尾都要有"着陆"感，能够落下、收住。

第三，对于新闻消息中的音译名称，应根据意思或原文音节来把握读法。

两个字的音译，按照汉语普通话的"中重"格式，也就是第一个字读得适中，第二个字读得较重、调值完整，比如"布朗"；

三个字的音译，按照"中轻重"格式，比如"乌克兰""威尔士"；

四个字的音译，按照"中轻中重"格式，比如"顿涅茨克""亚拉巴马"；

五个字的音译，根据意思分为"二三"或者"三二"，分别按照"中重+中轻重"格式或"中轻重+中重"格式，比如"奥切列季诺"。

第四，有些国际简讯叙事性较强，所以要在简短的几句话里面把新闻事件说清楚，需要较强的讲述感。

第五，国际简讯都翻译自其他国际新闻社，常会出现句法结构层层相套、修饰成分环环相扣的长句子，这时需要播音员先把句子结构理清楚，根据意思和逻辑关系找准停连的地方，让播报尽量顺畅、自然。

> **要点总结**
>
> 新闻简讯是在报道最新发生的事件时，提供简要、迅速的资讯，通常只包括必要的关键信息，如谁、什么、哪里、何时、为什么以及如何。

新闻简讯播音
（课堂实践）

> 线下思考和练习

练习1　国内简讯

贷款市场报价利率年内第二次下调

中国人民银行今天发布的公告显示，1年期和5年期以上贷款市场报价利率（LPR）分别为3.35%和3.85%，均下降10个基点。这是贷款市场报价利率今年第二次下调，将带动实体经济融资成本进一步稳中有降，激发信贷需求，促进投资消费。

我国建成全球覆盖温室气体排放量最大碳市场

生态环境部最新发布的《2024年全国碳市场发展报告》显示，全国碳排放权交易市场从2021年7月启动上线交易以来，已纳入2257家重点排放单位，年覆盖二氧化碳排放量约51亿吨。我国已成为全球覆盖温室气体排放量最大的碳市场。

上海港单昼夜集装箱吞吐量创历史新高

记者从上港集团获悉，昨天，上海港单昼夜集装箱吞吐量达到17.2万标准箱，创单日历史新高。上海港加强与船公司等合作，开通沪宁"点对点"直航航线，深化"独山—洋山"大通道建设，全力保障长三角货物运输需求。

2025年第九届亚冬会倒计时200天

今天是2025年第九届亚洲冬季运动会倒计时200天，哈尔滨开展120多场文体活动，进一步营造浓厚的亚冬氛围。目前，亚冬会比赛场馆改造建设工程进度过半，竞赛组织有序推进，已有34个国家和地区完成项目报名。

第34届青岛国际啤酒节举行

第34届青岛国际啤酒节日前举行。本届啤酒节持续至8月11日，来自国内外的2200余款啤酒集中亮相，其间还举办音乐演出、艺术巡游等特色活动，激发文旅消费新活力。

（《新闻联播》2024年7月22日）

练习2　国际简讯

俄罗斯海军举行大规模演练

俄罗斯国防部今天称，俄罗斯海军北方舰队、太平洋舰队、波罗的海舰队以及里海分舰队按照年度作训计划在各自负责的区域内进行例行演练，以检验俄海军行动能力和战备情况。约300艘舰艇、50架飞机以及2万多名军人参加演练，演练内容包括防空导弹射击、反潜武器使用等。

斯洛伐克称若不恢复俄油运输将对乌断油

斯洛伐克总理菲佐29日表示，如果乌克兰不尽快恢复俄罗斯卢克石油公司的原油运输，斯洛伐克炼油企业将停止向乌克兰提供柴油。上个月，乌克兰加强了对俄罗斯卢克石油公司的制裁，暂停该公司石油从乌克兰领土进行过境运输，导致匈牙利和斯洛伐克无法从卢克石油公司接收石油。俄乌冲突爆发后，欧盟对俄石油实施禁运，匈牙利和斯洛伐克等高度依赖俄石油的国家获得豁免。

美国联邦政府债务规模突破35万亿美元

美国财政部网站29日发布的最新数据显示，美国联邦政府债务规模已突破35万亿美元大关。据美国彼得·彼得森基金会测算，这相当于每个美国人负债近10.4万美元。该基金会此前警告，美国财政处在不可持续的轨道上。

法国部分电信运营商通信线缆遭破坏

据法国媒体29日报道，法国三家电信运营商在法国至少6个地区的光缆等通信基础设施28日夜间遭人为破坏，固定和移动通信网络受到影响。目前，尚未有任何组织或个人宣称对破坏行为负责。

（《新闻联播》2024年7月30日）

2.2.4 地方新闻播音

地方新闻播音

？请带着思考来学习如下内容：

什么是地方新闻？

● 地方新闻是指以某一区域性事件为主的新闻报道。有些地方新闻报道的虽然是某一地区发生的新闻，但具有大范围传播的意义和价值，具有一定的全国影响甚至国际影响，因此这些地方新闻也适合更大覆盖范围的媒体的报道和传播。

示例1　地方报道

【新时代新征程新伟业——实干笃行】北京厚植绿色底色让城市更宜居

目前,北京公园总数达到1065个,建成了山区有绿屏、平原有绿海、城市有绿景的生态宜居城市。今年,北京将继续新增造林绿化1万亩,使森林覆盖率达到44.95%。

不久前,北京南四环旁的南森观景台正式开放,人们可以在这里俯瞰600多万平方米的南苑森林湿地公园,尽享城南最大林海之美。

党的十八大以来,北京已完成两轮百万亩造林绿化工程。平原地区拥有东部城市绿心森林公园、北部奥林匹克森林公园、西部永定河休闲森林公园、南部南苑森林湿地公园等万亩以上森林湿地40个、千亩以上绿色板块498处,基本形成"一屏、三带、九廊、多片区"的生态空间格局。今年,北京再添15处休闲公园和城市森林、50处口袋公园及小微绿地,实现九成以上居民在直线距离不超过500米范围内到达公园绿地。

除了推窗见绿、出门入园、移步见景,北京还正在平原和浅山地带,用森林步道把公园连点成线,并建设"环城花廊""环城彩林",逐步串联起平原绿海与山区绿屏,让随处可见的绿色成为首都高质量发展的亮丽底色。

(《新闻联播》2024年6月16日)

示例2　综合报道

各地举行活动庆祝中国共产党成立103周年

连日来,各地开展形式多样的活动,庆祝中国共产党成立103周年。

在浙江嘉兴,南湖革命纪念馆和南湖湖心岛红船旁举办了一系列活动,近期,每天有超万人来此瞻仰学习,人们在这里重温红色历史,感悟初心力量。

在云南保山、湖南汉寿,在河南新县、山东微山,新老党员在一处处红色遗迹和爱国主义教育基地,面向党旗、庄严宣誓。

追寻红色足迹,传承革命精神。在甘肃陇南,退伍老兵重走长征路;在河北秦皇岛,党员代表通过火炬传递的方式,串联起红色地标;在湖北孝感,"光荣在党50年"的老党员为新入党同志佩戴党徽,在传承中汲取奋进力量。

各地还举行了形式多样的庆祝活动。黑龙江举办全省党课大赛。颂歌献给党，在黄河岸边，各地游客放声高歌；在西藏阿里，干部职工齐声咏唱，表达对党的无限热爱；在江西安远，近千名群众齐聚青山绿水间，讴歌新时代。

全军各部队官兵在演训场、在哨所、在维和营区、在远海大洋面向党旗庄严宣誓。部队还组织主题教育、参观学习等多种形式的活动，进一步让官兵在回顾历史、追忆初心中，坚定理想信念，为强军兴军不懈奋斗。

（《新闻联播》2024年6月30日）

> **要点总结**
>
> 地方新闻是指以某一区域性事件为主的新闻报道。有些地方新闻报道的虽然是某一地区发生的新闻，但具有大范围传播的意义和价值，具有一定的全国影响甚至国际影响，因此这些地方新闻也适合更大覆盖范围的媒体的报道和传播。

线下思考和练习

地方新闻播音
（课堂实践）

练习1 地方报道

**（1）【新时代新征程新伟业——实干笃行】辽宁：
以高质量人才振兴推动全面振兴**

辽宁积极构建人才创新体系，以高质量人才振兴推动新时代辽宁全面振兴。

不久前，2024"博士沈阳行"专题招聘会在沈阳开幕，吸引了来自国内外517所高校的6800多名高层次人才。为了让专业和产业发展更对口，沈阳市的组织、人社、工信等部门，全面地向应聘者介绍辽宁的产业基础、创新生态等。有超过4600人次签订了工作意向协议。

推动高层次人才引进，是辽宁大力实施人才强省战略的一部分。近年来，辽宁加快人才体制机制改革，在职称评聘、科研经费管理等方面，赋予单位和人才更大自主权。同时，推行"新八级工"制度，在工程、农业等专业方面，实现高技能人才和专业技术人才职业资格贯通。去年，当地还升级推出"兴辽英才计划"，将原有17个省级人才项目整合，支持奖励经费达4.8

亿元。

一系列引才、用才政策成效显著，人才创新创造活力不断激发。近年来，辽宁在新材料、自动化、先进装备制造等产业攻克技术难题540多项，研发新产品500多个。2023年，辽宁引进海内外优秀博士和高级职称人才4387名，同比增长77%；引进高校毕业生40.1万名，同比增长20.8%；拥有高技能人才141.1万人，同比增长5.7%。区域振兴发展劲头持续增强。

（《新闻联播》2024年6月14日）

（2）优化政务服务 山东打造一流营商环境

山东全面推进"高效办成一件事"改革，解决项目建设和企业发展中遇到的堵点、难点，着力打造一流营商环境。

最近，山东临沂市"12345"政务服务热线接听了河东区一家新落户企业诉求，由于不熟悉当地情况，企业一时招不上工人。

"12345"热线接到企业诉求后，通过平台检索，发现河东区有包括这家企业在内的共11家企业，都有类似的用工需求，"12345"平台将这个信息第一时间反馈给主管部门。

从做好解决"一件事"到办好"一类事"，这是山东"高效办成一件事"的缩影。通过政务服务平台，联通企业和政府各部门，形成协作机制。山东各地梳理出企业需要办理的"高频事项"，推出100个高频"一件事"服务改革，推进企业"只进一门"和"一网通办"。

围绕打造一流营商环境建设，山东实施了一系列"高效办成一件事"改革措施。针对项目上马，推出"开工一件事"便捷办理通道；回应招工用工等企业诉求，建立快速处办机制；设置"96178"企业家直通省长电话号码服务，搭建起政企常态化沟通交流平台……多措并举，打造一流营商环境。

（《新闻联播》2024年6月14日）

练习2 综合报道

各地加快推进重大工程项目建设

各地一批重大工程项目高质量建设、高标准推进。

一批交通重点建设项目正在全力推进。西安东站高架候车层首个混凝土结构顺利浇筑完成，作为我国西北地区特大型铁路综合交通枢纽，西安东站建成投用后，预计旅客年发送量将达到 3650 万人次。在江苏，连接苏州、泰州、南通三地的张靖皋长江大桥北航道桥南锚碇刚封底完成，该桥是国家"十四五"期间重点推动建设的过江通道项目，建成后对优化长江干线过江通道布局具有重要意义。在广西，平陆运河 G75 兰海高速钦江大桥右幅中拱段整体提升顺利完成，提升重量 1900 吨，提升高度 49.1 米，为后续推进拱内混凝土浇筑等奠定基础。

一批能源、水利工程也在加快推进。日前，浙江东部沿海风电场群的重要组成部分——华电玉环 1 号海上风电场南北两区实现并网发电，共设 32 台风电机组，总装机容量达到 229 兆瓦，预计年发电量为 6.5 亿度。国家重大水利工程湖南犬木塘水库工程发电机组成功并网，实现发电机组全部投产发电。水库灌区管网也在加紧建设。湖北省最大灌区——漳河灌区续建配套与现代化改造一期工程目前已进入冲刺阶段，预计 8 月完工。漳河灌区地跨荆门、荆州、宜昌三市，一期工程建成后，可改善灌溉面积 38 万亩，恢复灌溉面积 10.98 万亩。

（《新闻联播》2024 年 6 月 9 日）

2.2.5 财经新闻播音

? 请带着思考来学习如下内容：
什么是财经新闻？

财经新闻播音

● 财经新闻属于新闻的一个细分类目，侧重点是采集、报道、发布财经领域的新闻。

财经新闻有广义和狭义之分。

广义的财经新闻或称泛经济新闻，覆盖全部社会经济生活和与经济有关的领域，包括从生产到消费，从城市到农村，从宏观到微观，从安全生产到服务质量，从经济工作到政治、社会生活中的相关领域。

狭义的财经新闻则重点关注资本市场，并用金融资本市场的视角看中国经济发展。

示例 1　经济运行

前 5 月我国轻工业经济运行态势良好

中国轻工业联合会发布最新统计数据显示，今年前 5 个月，轻工业实现营业收入 8.8 万亿元，同比增长 2.5%，生产持续回升。前 5 个月，规模以上轻工业增加值同比增长 5.6%。在国家统计局统计的 91 种主要轻工业产品中，66 种产品产量实现增长。消费市场平稳增长。前 5 个月，轻工 11 类商品零售额超 3 万亿元，同比增长 5.5%，轻工 8 种重点商品出口额同比增长 6.6%，外贸出口继续保持韧性。

（《新闻联播》2024 年 7 月 3 日）

示例 2　行业经济

制造业生产保持扩张　新动能持续增长

中国物流与采购联合会、国家统计局今天公布：6 月份中国制造业采购经理指数为 49.5%，与上月持平。从分项指数看，生产指数为 50.6%，金属制品、铁路船舶航空航天设备等行业生产保持较快增长。从重点行业看，高技术制造业采购经理指数为 52.3%，装备制造业采购经理指数为 51%，均比上月有所提高，我国制造业转型升级持续推进，新动能持续增长。另外，农副食品加工、金属制品、铁路船舶航空航天设备、电气机械器材等行业生产经营活动预期指数均位于 58% 以上较高景气区间，企业对行业发展信心较强。

（《新闻联播》2024 年 6 月 30 日）

示例 3　经济活动

2024 陆家嘴论坛今天举行

为期两天的 2024 陆家嘴论坛今天在上海举行。中国人民银行、国家金融监督管理总局、中国证监会和国家外汇管理局等部门负责人表示，将推出多项措施助力高质量发展。

资本市场领域，将壮大耐心资本，积极创造条件吸引更多中长期资金进入，引导更好投早、投小、投硬科技。发布深化科创板改革的 8 条措施，更好服务科技创新。

2 电视新闻稿件播音

宏观调控方面,将继续坚持支持性的货币政策立场,加强逆周期和跨周期调节,支持巩固和增强经济回升向好态势。

银行、保险领域将加快健全涵盖科技企业全生命周期的保险产品体系,精准高效服务新质生产力。

论坛期间,国际货币基金组织上海区域中心正式启动,旨在加强国际货币基金组织与亚太地区经济体的交流与合作。

(《新闻联播》2024 年 6 月 19 日)

> **要点总结**
>
> 财经新闻属于新闻的一个细分类目,侧重点是采集、报道、发布财经领域的新闻。
>
> 财经新闻有广义和狭义之分。

线下思考和练习

财经新闻播音
(课堂实践)

练习 1　经济运行

(1) 5 月份国民经济运行总体平稳

国务院新闻办公室今天举行新闻发布会,国家统计局介绍当前经济形势,5 月份,国民经济运行总体平稳,延续回升向好态势。

最新公布的数据显示,5 月份,生产供给稳步增加。从粮食生产看,全国夏收进展顺利,夏粮有望再获丰收。从工业看,工业保持较快增长,5 月份规模以上工业增加值同比增长 5.6%,九成地区、八成行业实现增长,其中装备制造业同比增长 7.5%,拉动全部规模以上工业增长 2.6 个百分点,继续发挥"压舱石"的作用。从服务业看,服务业持续恢复,现代服务业发展较好。

市场需求稳中有升。5 月份,社会消费品零售总额同比增长 3.7%,比上月加快 1.4 个百分点,其中,服务消费保持较快增长。1—5 月份,全国固定资产投资同比增长 4.0%,其中制造业投资、高技术产业投资保持较快增长。在大规模设备更新政策作用下,设备工器具购置投资增长加快,对全部投资增长的贡献率达到 52.8%。

(《新闻联播》2024 年 6 月 17 日)

(2) 5月份我国CPI同比上涨0.3%

记者从国家统计局最新发布的数据中了解到，5月份，全国居民消费价格指数（CPI）环比受季节性因素影响小幅下降，同比上涨0.3%，涨幅与上月相同。从构成CPI的八大类商品和服务价格看，除食品和交通通信价格同比下降外，衣着、居住等其他六大类价格均同比上涨，居民消费需求恢复的态势持续巩固，我国消费市场运行总体平稳。

5月份，随着全球制造业复苏、新能源产业增长，大规模设备更新等政策逐步落地见效，带动铜、铝等有色金属价格上涨，钢材市场预期向好。我国工业生产者出厂价格指数PPI环比上涨0.2%，自去年11月份以来首次转正，同比降幅明显收窄。

（《新闻联播》2024年6月12日）

练习2 行业经济

(1) 我国零售市场经营持续向好

今年以来，我国零售行业不断创新经营模式，加快提质升级，零售市场经营持续向好，消费拉动我国经济增长的基础性作用持续增强。

中国商业联合会最新数据显示，6月份，中国零售业景气指数为50.9%。前6个月，中国零售业景气指数平均值为50.7%，同比上升0.1个百分点。零售业景气指数连续18个月处于扩张区间，今年上半年保持稳健增长，零售业呈现较好复苏态势。

在线下，以体验为中心，亲民型连锁零售、会员店等新业态不断涌现，居民消费信心不断回升，客流量增长明显。1—6月份，租赁经营类客流量指数平均值为54.0%，同比上升0.4个百分点。

在线上，电商平台加快服务创新，与大模型、元宇宙、数字孪生等新技术融合，丰富消费场景，带动网上实物销售实现快速增长。1—6月份，电商实物总销售额指数平均值为51.2%，同比上升0.5个百分点。

（《新闻联播》2024年6月22日）

(2) 前4月我国服务贸易持续保持快速增长

记者从商务部了解到，今年以来，我国服务贸易继续保持快速增长的势头，1—4月份，全国服务进出口总额24,319.6亿元人民币，同比增长16.8%。其中，出口增长11%，进口增长21.2%。

旅行服务继续保持高速增长，成为服务贸易第一大领域。1—4月，旅行服务进出口6600.3亿元，增长48.6%。

知识密集型服务贸易继续增长。1—4月，知识密集型服务进出口9637.2亿元。增长较快的出口领域为知识产权使用费，增幅达到26.8%。

（《新闻联播》2024年6月9日）

练习3 经济活动

（1）【推动高质量发展系列主题新闻发布会】
数字化全面赋能我国经济社会发展

今天，国务院新闻办公室举行"推动高质量发展"系列主题新闻发布会，国家数据局介绍了数字化赋能经济社会发展、推动国家数据事业高质量发展的有关情况。

数字基础设施建设实现新跨越。最新数据显示，我国10个国家数据中心集群算力总规模超过146万标准机架。全国一体化算力网加快构建，到2025年底，国家枢纽节点新建数据中心绿电占比有望超过80%，持续为全社会提供普惠、易用、低价、绿色、安全的算力服务。

数字产业化和产业数字化发展取得新成效。我国数字经济核心产业增加值占GDP比重不断上升。从今年起，"数据要素×"三年行动计划在工业制造等10余个领域推开，实体经济和数字经济进一步深度融合。

目前，我国已初步形成上下联动、横向协同的国家、省、市、县四级数据工作体系，以坚持推进数据要素市场化配置改革为主线，今年将陆续推出数据产权、流通交易、收益分配、安全治理、公共数据与企业数据开发利用、数字经济高质量发展、数据基础设施建设指引等多项制度和规则文件，大力推动数据领域国际合作，着力将我国海量数据优势转化为发展新优势。

（《新闻联播》2024年7月22日）

（2）新场景新业态 激活假日消费新活力

今年的端午假期，随着新场景新业态的不断涌现，消费市场呈现出别样的生机与新意，释放出"假日经济"的新活力。

端午假期，商圈消费焕发新活力。商务部商务大数据显示，假期里全国重点零售和餐饮企业销售额比去年同期增长9.8%。全国示范步行街客流量、营业额同比分别增长11.7%和9.2%。家电、家具、通讯器材销售额同比分别增长11.7%、17.7%和35.5%，全国实物商品网上零售额同比增长30%以上。

上海围绕各大商圈推出多条城市漫步路线，将美食、购物、艺术演出、市集等多类业态"串珠成链"，为消费者打造融合式的假日消费新体验。在一场"以旧换新"主题的市集上，十几个家电卖场、家电产品品牌集中走进社区。

消费新场景也在不断涌现。在重庆主城区，当地充分利用旧址防空洞，开拓消费新空间。火锅、茶馆、书屋、背篓菜市吸引了众多市民游客打卡，感受味觉和视觉的全新体验。在贵州贵阳，拥有70多年历史的印刷厂"变身"潮流聚集地，新签约品牌106个，其中8个是贵阳首店，假期期间每天接待消费者在3万人次以上。

这个假期，传统文化也在持续为假日消费赋能，蕴含着丰富"国潮"元素的沉浸式出游为消费者带来新体验。各地举办粽子文化节、龙舟民俗赛、古风市集、非遗展示、汉服体验等活动，推进文化和旅游深度融合。消费场景不断推陈出新，消费新业态不断涌现，"热气腾腾"的端午假期助力消费活力升级。

（《新闻联播》2024年6月11日）

2.2.6 文娱新闻播音

文娱新闻播音

? 请带着思考来学习如下内容：

什么是文化娱乐新闻？

● 文化娱乐新闻简称文娱新闻，是指专门对文学、艺术等方面具有新闻价值并能给人带来审美愉悦的有关情况的报道。

示例1　文化新闻

【文化中国行】保藏版本资源 守护文明根脉

中国国家版本馆被喻为中华文化的"种子库",浩瀚的中华文明基因在这里得以保存、赓续。《文化中国行》今天走进中国国家版本馆,一起感受博大精深的中华文化。

"文瀚聚珍"捐赠入藏精品版本展目前正在中国国家版本馆中央总馆展出,此次展览是中国国家版本馆第二批捐赠入藏版本精品的集中展览展示,包括古籍原件、雕版、贝叶经、民国文献、各历史时期钱币、各类精品出版物等实物版本,以及各类文献数据库等数字版本。

这件西夏中后期汉文活字印本是世界上现存最早的汉文活字印本实物之一,为中国活字印刷发明及传播提供了重要实物证据。这册《公是集》是从《永乐大典》中辑出抄写,作为文渊阁《四库全书》誊清时所依据的底本。

版本蕴藏着中华民族的精神基因和文化根脉,是记录历史、见证文明的"金种子"。燕山脚下、秦岭之旁、良渚之侧、凤凰山边,国家版本馆由中央总馆文瀚阁、西安分馆文济阁、杭州分馆文润阁、广州分馆文沁阁构成。作为新时代标志性文化传世工程,中国国家版本馆以"一总三分"共同构筑起中华版本保藏传承体系,浩瀚的中华文明基因在这里依托现代科技力量得以保存、赓续。目前,国家版本馆"一总三分"入藏实物版本3200多万册/件、数字资源约880TB。

在广州分馆,唐代名画《五牛图》前,观众不需要佩戴任何设备就可以获得大视角、高纵深、舒适自然的观展效果,生动立体、栩栩如生。最新展出的"全息影像版本里的二十四节气"等展览,利用光场屏、裸眼3D投影等数字技术,荟萃中华版本精华并进行数字化的展陈,让观众沉浸式感受古典雅致的中式美学和传统文化。

杭州分馆建成了珍稀雕版保护与研究中心,目前,用存世情况较好的雕版有限地刷印一定数量的印本,既对板片现状留样,也促进了珍稀版本的入藏。同时,杭州分馆建立了古法手工纸研究与保护标本库,入库唐以来各时代的纸样540余种。

在西安分馆,"楮墨遗珍 万里同风——丝绸之路版本展"正在展出。唐李邕墓马球图和韩休墓室壁画乐舞图等生动描绘了唐朝丝路多元文明交融盛况。

(《新闻联播》2024年6月23日)

示例2　娱乐新闻

暑期文化演出市场缤纷多彩

暑期以来，各地文艺团体通过丰富的演出剧目、多彩的展演活动，吸引观众走进剧场，感受艺术之美。

将优秀作品送到孩子们身边，第十三届中国儿童戏剧节正在北京举行，来自8个国家和地区的25家儿童戏剧团体、33部剧目汇聚一堂，通过线下展演、线上展播等形式，丰富暑假文化生活；在安徽安庆，第28届"中国少儿戏曲小梅花荟萃"活动为广大青少年搭建展示和交流平台，京剧、婺剧、豫剧等剧种的精彩唱段轮番登场，小演员们唱念俱佳，一招一式尽显风范，展现中华优秀传统文化的魅力。

北京人民艺术剧院保留剧目《雷雨》再登舞台，通过新一次的创作打磨，力求与当下观众共鸣；"2024年度优秀京剧保留剧目展演"汇集了国家京剧院、上海京剧院等多地优秀院团和京剧名家，为观众奉上《霸王别姬》《李逵探母》等经典剧目。

剧场内外，缤纷多彩的艺术活动带动演出市场不断升温。连日来，内蒙古乌兰牧骑队员们用嘹亮的歌声、优美的舞姿和悠扬的马头琴声，将文化大餐送到群众身边，在"弘扬乌兰牧骑精神"主题文艺演出中，老中青三代艺术家同台献艺，为观众献上歌曲、舞蹈、杂技、器乐演奏等内容丰富的节目。

国家大剧院发起的"文明观演在行动"活动正在进行，针对歌剧、音乐剧、话剧、舞剧、戏曲等不同形式的演出剧目，对包括"何时鼓掌""迟到何时进场"等观演礼仪要求进行了细微划分，引导观众在感受艺术之美的同时，共创良好的观演环境。

(《晚间新闻》2024年7月29日)

> 🔍 **要点总结**
>
> 文化娱乐新闻也简称文娱新闻，是指专门对文学、艺术等方面具有新闻价值并能给人带来审美愉悦的有关情况的报道。

📝 线下思考和练习

文娱新闻播音
（课堂实践）

练习1　文化新闻

（1）第三十届北京国际图书博览会闭幕

为期五天的第三十届北京国际图书博览会今天下午闭幕，初步统计共达成中外版权贸易协议2100项，少儿类、社科类、文学类为输出品类前三。

作为世界第二大国际书展，本届北京图博会版权贸易成果丰硕，71个国家和地区、1600家中外展商、22万种中外图书集中参展，并举办1000余场文化活动，总参观人数约30万人次。

精品出版物展首次大规模、成建制展示近年来出版的重点丛书套书，网络出版馆提供虚实融合的阅读体验，AI编辑、按需印刷展示着出版领域的发展趋势。图博会上，中国优秀传统文化、科技创新等领域的优质内容受到国际出版机构的青睐，成为中外版权合作的核心内容。

（《新闻联播》2024年6月23日）

（2）多彩活动迎"文化和自然遗产日"

连日来，各地举办形式多样的活动，弘扬中华优秀传统文化，加强文物和文化遗产的保护与利用传承。

2024年文化和自然遗产日主场城市活动，今天在辽宁沈阳举行，活动的主题为"保护文物 传承文明"，"文明之光——红山·良渚与中华文明"主题展览也正式揭幕。除主场城市系列活动外，各地文博单位还组织开展7300余项活动。云南玉溪开展"文物考古进校园"活动，提高青少年对文物保护的意识和兴趣；三星堆博物馆还给游客准备了"小礼物"，举行互动答题等活动。

各省（区、市）共举办了1.2万余项非遗宣传展示活动。在上海古猗园，一场江南丝竹与戏曲相结合音乐会，给观众耳目一新的感受；在浙江湖州，千年古塔——飞英塔，在经历5个多月的精心修缮后，今天重新开放，当地还在塔下举行了非遗体验活动；在河南禹州，大学生们走进钧瓷烧制基地，近距离感受非遗之美。

（《新闻联播》2024年6月8日）

练习2 娱乐新闻

"电影的夏天"热度持续攀升 年轻观众成观影主力

进入7月,电影市场呈现出明显的暑期档特征。随着一批题材多样、类型多元的影片轮番上映,不少影院的上座率也较日常有了大幅提升,其中青少年观众已成为观影主力。

截至目前,2024暑期档已有约110部中外影片上映或定档,其中包含剧情片、动画片、喜剧片、动作片等众多品类。其中,喜剧类、动画类电影吸引了众多年轻观众前来观影。

对于不少学生观众来说,看电影也成了一种社交方式,通过共同分享观影体验来增进彼此之间的情感联系。这种社交需求也推动了电影市场的消费增长。

随着暑期档电影市场的持续升温,各地影院也根据当地观众的需求,推出特色活动,优化服务提升观影体验。

暑假期间,不少影院都相继推出包括非高峰时段优惠、学生特惠、家庭套装等各类购票优惠活动。

针对暑期档观影群体特点,各地影院还会随时根据需求优化排片、延长营业时间。

此外,还有些影院推出了一系列精细化服务,以吸引更多观众走进电影院。

近日,浙江等多地出台系列优惠观影措施,持续释放电影市场消费潜力,带动我国电影市场迅速升温。

日前,2024浙江省电影消费券在杭州启动发放,发放总额超过2800万元,包括领取抵扣券、购票立减、支付优惠等三重优惠。观众在购买电影票时可叠加使用,价格便宜不少。

浙江省此次电影消费券发放活动将持续到明年6月30日,发放时间主要集中在周末,进一步释放周末档电影市场消费潜力。

此外,北京、上海、江苏、江西等地,也通过开展多种经营形式,拓展观影附加功能,发放文化消费券、观影优惠券等形式,吸引更多的观众走进电影院,推动电影市场消费持续增长。

(《朝闻天下》2024年7月22日)

2.2.7 教科新闻播音

教科新闻播音

? 请带着思考来学习如下内容：
什么是教育新闻？
什么是科技新闻？

● 教育新闻主要报道教育领域的动态及成果、学校教学与学生活动、教育相关政策法规及其执行情况以及教育与社会各领域相关的信息。

示例1 教育新闻

丁薛祥检查 2024 年高考准备工作

中共中央政治局常委、国务院副总理丁薛祥 2 日下午到北京市检查 2024 年高考准备工作。他强调，高考牵动千家万户，关系广大青年学子前途命运。要深入学习贯彻习近平总书记重要指示精神，贯彻落实党中央和国务院决策部署，用心用情做好高考组织保障工作，全力以赴实现"平安高考"目标。

丁薛祥首先来到北京市第十三中学考点，实地了解考场设置、候考管理、服务保障、智能安检等情况，与现场工作人员交谈，代表党中央和国务院向辛勤工作在高考一线的全体同志表示诚挚问候和衷心感谢。丁薛祥表示，要坚持以考生为本，深入细致做好综合保障工作，营造安心舒适的考试环境，充分体现对考生的关心关怀，让他们放松心情、从容应考，考出最好成绩，在实现人生梦想道路上迈好关键一步。

随后，丁薛祥前往北京教育考试院，考察试卷流转一体箱、智能考务终端、纸笔考试扫描评卷系统等设备，观看北京市国家教育考试综合管理平台演示，听取高考准备工作情况汇报。他强调，公平公正和安全是高考的生命线，要贯穿到高考工作的每一个环节。严格保密管理，加强试卷命题、印制、运送、保管全流程监管。严肃考风考纪，严厉打击考试舞弊。严把评卷质量关，严格招录程序，确保考试公平、程序公开、结果公正。丁薛祥要求各级党委政府把高考当作治理能力大考，抓紧抓实抓好各项服务保障工作，向党和人民交上一份满意答卷。

(《新闻联播》2024年6月2日)

● 科技新闻是报道科技活动和科技成果的新闻。

科技新闻作为新闻的一个分支，除了具有新闻的一般特性外，还具有准确性（对科学概念而言）、通俗性（对深奥原理而言）、知识性（对普及科学而言）。

示例2 科技新闻

科技创新助力我国隧道技术装备领先世界

隧道及地下工程是基础设施建设的重要领域。近年来，依靠科技创新，我国隧道技术装备实现从"跟跑"到"领跑"的跨越，形成辐射全球的完整产业链。

世界最长海底高铁隧道、甬舟高铁控制性工程——金塘海底隧道目前正在双向掘进。由我国自主研制的"甬舟号"和"定海号"两台盾构机将在海中穿越高水压地段及多种复杂地层后，在海面下约78米实现精准对接。

最新数据显示，10年来，我国累计新增运营隧道超过3.88万公里，成为世界上隧道发展速度最快的国家。目前，我国已建成铁路隧道和公路隧道超过5万公里，其中10公里以上的特长隧道2050座，也成为世界上隧道数量最多、建设规模最大的国家。

从手工开挖到智能建造，我国隧道建设攻克了诸多技术难题，建成了港珠澳大桥海底隧道、深中通道等世界级的标杆工程，在水下沉管隧道、盾构隧道、超长隧道建设等方面跻身世界前列。如今，新一代信息技术正在引领隧道建造向数字化、智能化加速迈进。

技术创新带动装备升级。目前，中国隧道掘进机占全球市场份额约70%，上下游企业达到千余家，产销量连续6年居世界第一，产品出口到30多个国家和地区，迈入世界掘进机品牌第一方阵。

(《新闻联播》2024年6月9日)

> 🔍 **要点总结**
>
> 　　教育新闻主要报道教育领域的动态及成果、学校教学与学生活动、教育相关政策法规及其执行情况以及教育与社会各领域相关的信息。
> 　　科技新闻是报道科技活动和科技成果的新闻。科技新闻作为新闻的一个分支，除了具有新闻的一般特性外，还具有准确性、通俗性、知识性。

线下思考和练习

教科新闻播音
（课堂实践）

练习 1　教育新闻

（1）丁薛祥出席全国高校毕业生等青年就业创业工作视频会议

　　全国高校毕业生等青年就业创业工作视频会议 5 月 14 日在京举行。中共中央政治局常委、国务院副总理丁薛祥出席会议并讲话。

　　丁薛祥指出，党中央和国务院高度重视高校毕业生等青年就业创业工作。要深入学习贯彻习近平总书记重要指示精神，更加突出就业优先导向，千方百计促进高校毕业生就业，确保青年就业形势总体稳定。

　　丁薛祥强调，要持续挖潜拓宽高校毕业生就业渠道，帮助毕业生尽早实现就业。更大力度开拓市场化岗位，用足用好稳岗促就业政策，结合重大工程、重大项目、重大扩内需举措开发更多岗位。稳定并加快政策性岗位招录，规模上能扩尽扩，时间上能早尽早。组织实施好基层服务项目，鼓励毕业生到基层建功立业。

　　丁薛祥指出，要用心用情做好就业指导帮扶工作，持续开展就业观念教育，优化就业创业服务，推动人才供需有效适配，兜牢困难毕业生群体就业底线，依法依规严厉打击涉就业违法犯罪活动。

　　丁薛祥要求，各地各部门各高校要加强组织领导，强化责任落实，确保完成今年高校毕业生就业目标任务。

　　国务委员谌贻琴出席会议并讲话。人力资源社会保障部、教育部、吉林省人民政府、重庆市人民政府和中国农业大学主要负责同志，以及高校毕业生代表在会上发言。

（《新闻联播》2024 年 5 月 14 日）

(2) 2024年全国高考今天开考

2024年全国高考今天开考，今年高考报名人数达到1342万人，比去年增加51万人。

高考首日，考生们进行了语文和数学科目的考试。今年，全国共设考点7926个，普通考场35.9万个，备用考场2.2万个。各地考点均实现了智能安检门全覆盖，教育部还积极推进考场实时智能巡查和保密室实时智能巡检，维护考试公平公正。

今年，全国共有1.1万余各类残障考生参加高考，教育部指导各地为他们提供合理考试便利，包括为11省（区）共15名盲人考生专门命制了盲文试卷。各地还加强了出行、食宿、医疗卫生、噪音治理等方面服务保障，全力为考生创造温馨舒适的考试环境。

(《新闻联播》2024年6月7日)

练习2 科技新闻

(1) 嫦娥六号实现三大技术突破 创世界纪录

今天下午，在国务院新闻办公室举行的新闻发布会上，国家航天局相关负责人介绍了探月工程嫦娥六号任务以及未来重大航天工程的相关情况。

国家航天局相关负责人表示，嫦娥六号任务是中国航天史上迄今为止技术水平最高的月球探测任务。

嫦娥六号任务还是一次探索之旅，有望发现更多的科学奥秘。

此外，嫦娥六号任务还与欧空局、法国、意大利、巴基斯坦开展了4个科学载荷的合作，获取了珍贵的第一手科学数据。

国家航天局今天还表示，中国在月球探测方面，后续将研制嫦娥七号和嫦娥八号探测器，开展月球极区环境和资源勘查、月球资源原位利用技术验证。未来还将与国际同行一道，共商共建国际月球科研站。

(《新闻联播》2024年6月27日)

(2) 我国推进城市全域数字化转型

今天，国家发展改革委、国家数据局等四部门发布指导意见，提出13项具体措施，全领域、全过程、全方位推进城市数字化转型。在培育壮大城市数字经济方面，相关部门将深入推进数字技术与一二三产业深度融合，鼓励平台企业构建多层次产业互联网服务平台。同时，还将推动金融、物流等生产性服务业和商贸、文旅、康养等生活性服务业数字化转型。指导意见还提出将探索以社会保障卡为载体，建立居民服务"一卡通"。探索构建个人企业碳账户、碳足迹等数据空间应用，更好服务城市高效能治理，推进中国式现代化城市建设。

(《新闻联播》2024年5月20日)

2.2.8 体育新闻播音

体育新闻播音

? 请带着思考来学习如下内容：
什么是体育新闻？

● 体育新闻是对体育领域新近发生的事实的报道，包括运动竞赛、运动训练、学校体育、群众体育领域中的各种新发生的事实。其中，运动竞赛相关新闻占据主要地位。

示例1 体坛动态

巴黎奥运会中国体育代表团在北京成立

即将出征巴黎奥运会的中国体育代表团，今天上午在北京成立。

巴黎奥运会中国体育代表团共由716人组成，其中运动员405人，包括男运动员136人、女运动员269人。代表团运动员平均年龄25岁，共有42位奥运冠军将再次出战奥运会，有223人为首次参加奥运会。

巴黎奥运会将于7月26日至8月11日举行，中国体育代表团将参加其中30个大项42个分项236个小项的比赛，是境外参赛小项数最多的一届奥运会。目前，中国游泳队、中国拳击队等已经先期抵达法国，其他中国运动员随后将根据赛程分批次前往巴黎参赛，目标是取得运动成绩和精神文明的双丰收。

(《新闻联播》2024年7月13日)

示例 2　赛况报道

【第 33 届夏季奥林匹克运动会】中国队再添 3 枚银牌

巴黎奥运会北京时间昨晚到今天凌晨，中国体育代表团再获得 3 枚银牌。其中，在体操男子团体决赛中，中国队以 0.532 分之差获得亚军。第四次参加奥运会的游泳老将徐嘉余，以 52 秒 32 的成绩收获男子 100 米仰泳亚军，这是他获得的第三枚奥运银牌。20 岁的小将唐钱婷以 1 分 05 秒 54 的成绩摘得女子 100 米蛙泳银牌。

中国女排在今天凌晨迎来本届奥运会的首场比赛，最终以 3：2 力克卫冕冠军美国女排，赢得"开门红"。在乒乓球混双半决赛中，中国组合王楚钦/孙颖莎以 4：2 战胜韩国组合闯入决赛。此外，中国香港选手张家朗在击剑男子花剑决赛中以 15：14 险胜对手，蝉联这个项目的奥运金牌，为中国香港队获得本届奥运会的第二枚金牌。北京时间今晚至明天凌晨，中国队将在乒乓球混双、体操女子团体赛和击剑女子团体重剑赛项目上向金牌发起冲击。

（《新闻联播》2024 年 7 月 30 日）

> **要点总结**
>
> 体育新闻是对体育领域新近发生的事实的报道，包括运动竞赛、运动训练、学校体育、群众体育领域中的各种新发生的事实。其中，运动竞赛相关新闻占据主要地位。

线下思考和练习

体育新闻播音
（课堂实践）

练习 1　体坛动态

中国体育代表团入住巴黎奥运村

今天距离巴黎奥运会开幕还有 4 天，中国体育代表团各运动队正分批抵达法国巴黎。目前，中国乒乓球、跳水、体操和射箭队等赛程靠前的队伍，已经顺利入住位于巴黎北部的奥运村。

此外，中国游泳、拳击、网球和羽毛球队等队伍也已抵达法国，目前正在中国体育代表团位于多维尔的训练营展开适应性训练，后续各运动队将根据赛程，分批入住奥运村，正式开启本届奥运会的征程。

（《新闻联播》2024年7月22日）

练习2　赛况报道

【第33届夏季奥林匹克运动会】中国体育代表团夺得男子10米气手枪金牌

　　北京时间今天下午，巴黎奥运会进入开幕后第二个比赛日的争夺。射击比赛今天继续进行，在最早开始的男子10米气手枪决赛中，谢瑜独自出战，以240.9环的成绩为中国体育代表团夺得本届奥运会的第3枚金牌。

　　在游泳比赛中，由杨浚瑄、程玉洁、张雨霏、吴卿风组成的中国队以3分30秒30的成绩摘得女子4×100米自由泳接力的铜牌，同时打破亚洲纪录。在男子4×100米自由泳接力决赛中，中国队获得第四名。此外，中国队选手在羽毛球各小项的小组赛中均有亮相，并顺利战胜各自对手。乒乓球混合双打16强赛中，孙颖莎/王楚钦以4∶0的比分战胜对手晋级。

　　中国香港选手江旻憓在女子重剑个人赛中，为中国香港代表团夺得巴黎奥运会首枚金牌。

（《新闻联播》2024年7月28日）

2.2.9　口播和口导

口播和口导

> **？请带着思考来学习如下内容：**
> 什么是口播和口导？

●　在电视新闻传播活动中，口播特指电视新闻播音员出图像播报新闻消息的语言传播活动，内容一般是没有新闻画面但又急需播发的最新消息，或者是政令和通告、贺电贺信等，电视新闻评论播音有时也采用口播形式。口导是电视新闻播音员出图像播报新闻消息导语的语言传播活动，在通常情况下口导之后是配有画面和配音的电视新闻主体部分。

　　有时在直播时来不及对紧急稿件进行后期画面剪辑和配音，播音员现场播报稿件内容，总控制台适时切入与所播内容有关的视频、画片、图表等，这种合成方式也称作"口切"或者"口划"。

示例1　政令通告

(1) 中共中央组织部印发《关于在防汛救灾抢险中充分发挥基层党组织战斗堡垒作用和广大党员先锋模范作用的通知》

中共中央组织部印发通知，就深入贯彻落实习近平总书记重要指示精神，在防汛救灾抢险中充分发挥基层党组织战斗堡垒作用和广大党员先锋模范作用提出要求。通知强调，各级领导干部要加强值守、靠前指挥，坚决扛起防汛救灾抢险的政治责任。基层党组织和广大党员干部要积极投身防汛救灾抢险工作，及时排查处置险情，转移安置受灾群众，全力以赴保障人民群众生命财产安全和社会大局稳定。各级党委组织部门要在防汛救灾抢险一线考察识别干部，激励广大党员干部奋勇争先、挺膺担当。

(《新闻联播》2024年7月7日)

(2) 习近平签署国家主席令

国家主席习近平6月28日签署第二十五号、第二十六号、第二十七号、第二十八号、第二十九号主席令。

第二十五号主席令说，《中华人民共和国突发事件应对法》已由中华人民共和国第十四届全国人民代表大会常务委员会第十次会议于2024年6月28日修订通过，现予公布，自2024年11月1日起施行。

第二十六号主席令说，《中华人民共和国农村集体经济组织法》已由中华人民共和国第十四届全国人民代表大会常务委员会第十次会议于2024年6月28日通过，现予公布，自2025年5月1日起施行。

第二十七号主席令说，《中华人民共和国国境卫生检疫法》已由中华人民共和国第十四届全国人民代表大会常务委员会第十次会议于2024年6月28日修订通过，现予公布，自2025年1月1日起施行。

第二十八号主席令说，《全国人民代表大会常务委员会关于修改〈中华人民共和国会计法〉的决定》已由中华人民共和国第十四届全国人民代表大会常务委员会第十次会议于2024年6月28日通过，现予公布，自2024年7月1日起施行。

第二十九号主席令说，根据中华人民共和国第十四届全国人民代表大会常务委员会第十次会议于2024年6月28日的决定：免去马晓伟的国家卫生健康委员会主任职务；任命雷海潮为国家卫生健康委员会主任。

(《新闻联播》2024年6月28日)

示例2　贺电贺信

(1) 习近平同委内瑞拉总统就中委建交50周年互致贺电

6月28日，国家主席习近平同委内瑞拉总统马杜罗互致贺电，庆祝两国建交50周年。

习近平指出，中国和委内瑞拉是相互信赖、共同发展的好伙伴。建交半个世纪以来，双方在国际风云变幻中相互支持，携手捍卫国际公平正义和发展中国家正当权益，结下了"铁杆"情谊。去年9月，马杜罗总统成功对中国进行国事访问，我们共同宣布将中委关系提升为全天候战略伙伴关系，引领两国关系进入新时代。中方愿同委方秉持建交初心，赓续传统友谊，以两国建交50周年为新起点，不断丰富中委全天候战略伙伴关系内涵，为世界和平发展作出更大贡献，携手推动构建人类命运共同体。

马杜罗表示，委中建交50年来，两国关系取得长足发展。特别是委中建立全天候战略伙伴关系具有历史意义。委方坚定支持中方维护国家主权，反对任何遏制中国的企图，愿积极参与落实习近平主席提出的共建"一带一路"和三大全球倡议，继续坚定推进委中友好，深化双边合作和多边协作。委方坚信，在习近平主席英明领导下，中国必将实现中华民族伟大复兴。

(《新闻联播》2024年6月28日)

(2) 习近平向2024年"鼓岭缘"中美青年交流周致贺信

6月24日，国家主席习近平向2024年"鼓岭缘"中美青年交流周致贺信。

习近平指出，跨越百年的鼓岭情缘是中美人民友好交往的一段佳话，很高兴看到中美各界青年相聚福州，重温鼓岭故事，传承鼓岭情缘，增进中美两国人民之间的交流与理解。

习近平强调，青年最富有朝气、最富有梦想，中美关系的未来在青年。希望你们深入交流、增进友谊，相知相亲、携手同行，把中美友好传承下去，为中美关系健康稳定发展贡献力量，同世界各国人民一道共筑和平、共促进步、共创繁荣。

2024年"鼓岭缘"中美青年交流周当日在福建省福州市开幕，由中国人民对外友好协会、福建省人民政府、中华全国青年联合会举办。

（《新闻联播》2024年6月24日）

口播时播音员需要注意两种情况：其一，在当前大多数新闻演播室有提示器的情况下，要注意体态语言的准确表达，尤其注意表情和眼神的恰当运用，这些副语言表达需要依据内容和大致的基调加以调整。其二，在遇到急稿或者没有提示器的情况下，仍要适当地抬头示意。对于在哪里抬头示意并没有强制性规定，依据人际交流的习惯以及在需要强调处或者句尾、段落结束、一层意思结束的时候，可以适当抬头示意，这样既增强了交流感，也能够突显重要信息。

> **要点总结**
>
> 口播特指电视新闻播音员出图像播报新闻消息的语言传播活动。
> 口导是电视新闻播音员出图像播报新闻消息导语的语言传播活动。

口播和口导
（课堂实践）

线下思考和练习

练习1 政令通告

（1）退役军人事务部 中央军委政治工作部 全国双拥工作领导小组办公室联合下发通知 要求做好"八一"期间拥军优属 拥政爱民工作

退役军人事务部、中央军委政治工作部、全国双拥工作领导小组办公室联合下发通知，要求各地各部队扎实做好节日期间拥军优属、拥政爱民工作。

军地各级要结合庆祝新中国成立75周年深化双拥宣传教育，激发军民投身强国建设、民族复兴伟业的政治热情，浓厚爱我人民爱我军的社会风尚。各地各部门要积极推动解决部队在战备训练、建设改革中遇到的实际困难；各部队要突出支持推进乡村全面振兴，深化党建、教育、医疗、消费等特色帮扶行动，助力建设宜居宜业和美乡村；军地各级要合力落实拥军优抚政策，切实做好退役军人安置、随军家属就业、子女教育优待等工作。

（《新闻联播》2024年7月22日）

(2) 李强签署国务院令 公布《国务院关于实施〈中华人民共和国公司法〉注册资本登记管理制度的规定》

国务院总理李强签署国务院令，于2024年7月1日公布《国务院关于实施〈中华人民共和国公司法〉注册资本登记管理制度的规定》，自公布之日起施行。《规定》共13条，主要包括以下内容：

一是明确存量公司调整认缴出资期限的过渡期安排。二是规定公司出资异常的处理。公司出资期限、注册资本明显异常的，公司登记机关认定违背真实性、合理性原则的，可以依法要求其及时调整。三是完善监管措施。公司调整股东认缴和实缴的出资额等，应当依法向社会公示。公司登记机关对公司公示认缴和实缴情况进行监督检查。此外，《规定》要求公司登记机关加强指导，制定操作指南，优化办理流程，提升登记便利化水平。

(《新闻联播》2024年7月1日)

练习2　贺电贺信

(1) 习近平向澳大利亚新任总督致贺电

7月1日，国家主席习近平致电萨曼莎·莫斯廷，祝贺她就任澳大利亚总督。

习近平指出，中澳互为重要合作伙伴，都是亚太地区重要成员和世界多极化进程中的重要力量。一个健康稳定发展的中澳关系，符合两国和两国人民的根本和长远利益，也有利于地区和世界和平、稳定、发展、繁荣。我高度重视中澳关系发展，愿同澳方一道努力，本着相互尊重、互利共赢、求同存异的原则，推动构建更加成熟稳定、更加富有成果的中澳全面战略伙伴关系，更好造福两国人民。

(《新闻联播》2024年7月1日)

(2) 李强向英国新任首相斯塔默致贺电

7月7日，国务院总理李强致电基尔·斯塔默，祝贺他就任英国首相。

李强表示，中英同为联合国安理会常任理事国和世界主要经济体，两国加强协调合作，符合双方利益，也有利于国际社会团结应对全球性挑战。中国政府高度重视中英关系，愿同英国新一届政府一道努力，巩固政治互信，扩大互利合作，密切人文交流，助力各自经济社会发展，共促世界和平、稳定、繁荣。

(《新闻联播》2024 年 7 月 7 日)

(3) 习近平向2024世界智能产业博览会致贺信

6月20日，国家主席习近平向2024世界智能产业博览会致贺信。

习近平指出，人工智能是新一轮科技革命和产业变革的重要驱动力量，将对全球经济社会发展和人类文明进步产生深远影响。中国高度重视人工智能发展，积极推动互联网、大数据、人工智能和实体经济深度融合，培育壮大智能产业，加快发展新质生产力，为高质量发展提供新动能。中国愿同世界各国一道，把握数字化、网络化、智能化发展机遇，深化人工智能发展和治理国际合作，为推动人工智能健康发展、促进世界经济增长、增进各国人民福祉而努力。

2024世界智能产业博览会主题为"智行天下、能动未来"，由天津市人民政府和重庆市人民政府共同主办，当日在天津市开幕。

(《新闻联播》2024 年 6 月 20 日)

2.3 电视新闻人物特写播音

2.3.1 电视新闻人物特写播音相关界定

电视新闻人物特写播音相关界定

? 请带着思考来学习如下内容：

什么是新闻人物特写？
新闻人物特写的类型有哪些？

我们常在电视新闻节目当中看到类似《劳动者之歌》《道德楷模文明风尚》《时代先锋》这样的报道，这就是一种简短的新闻人物特写，属于专题的一种主要表现形式。新闻人物特写往往是对一个典型人物的新闻报道，这在新闻体裁中属于通讯。

● 什么是通讯呢？
通讯是运用叙述、描写、抒情、议论等多种手法，具体、生动、形象地反映新闻事件或典型人物的一种新闻报道形式。
按内容分，通讯分为人物通讯、事件通讯、概貌通讯、工作通讯。
按形式分，通讯分为一般记事通讯、访问记、小故事、集纳、巡礼、纪实、见闻、特写、速写、侧记、散记、采访札记。

● 新闻特写是通讯的一种，那么什么是新闻特写呢？
新闻特写是截取新闻事实的横断面，即抓住富有典型意义的某个空间和时间，通过一个片段、一个场面、一个镜头对事件或人物、景物作出形象化的报道的一种有现场感的生动活泼的新闻体裁。新闻特写用类似电影"特写镜头"的手法来反映事实，是作者深入新闻现场采写的一种现场感较强，侧重"再现"，篇幅较短小精悍的新闻体裁。

● 人物特写属于新闻特写的一种，那么什么是新闻人物特写呢？
新闻人物特写（也称人物通讯）就是以人物为中心报道对象，通过一个人物或一组人物新近的行动来反映时代特点和社会面貌的一种通讯形式。新闻人物特写以人物的新近行动为新闻，重在表现人物的品质、性格和精神面貌，通过个别显示一般，达到揭示时代特征、感染受众的目的。

● 下面我们来讲新闻人物特写的主要类型。

首先，从内容上看，大致有这样几种类型：

一是各行各业的英雄模范人物。如雷锋、焦裕禄、王进喜、张海迪、孔繁森、徐虎、李素丽等，都是由新闻人物特写向全社会推出的楷模。这样的人物通讯，社会影响广泛、深远。

二是人们普遍关心的社会名流。如著名科学家、社会活动家、爱国人士、运动员、演员等。这样的通讯在报刊上常占有相当多的数量。

三是在平凡的生活和工作中体现了某种人生价值的普通人。这是近年新闻人物特写题材发展的一个趋向。

四是某些对社会有警示作用的反面人物。如对违法乱纪的案件当事人的报道等。

其次，从形式来看，根据基本结构形态的不同，新闻人物特写有这样三种类型：

一是传记式。较完整地记叙人物一生的主要事迹，篇幅较长，内容丰富。

二是特写式。侧重于记叙人物的一时一事，或某一侧面。虽然比一般的特写涉及范围大得多，但属于集中于一事、一个侧面的写法。真正记叙一时一事的新闻人物特写，现在也很常见。

三是群像式。报道对象不是一个人，而是一个集体中的若干人，或是同一时空范围内的几个同类人。

● 新闻人物特写的作用主要有以下几点：一是为受众提供更丰富、更多样的新闻人物事迹的细节，以满足受众了解详情的需求；二是使新闻具有感染心灵的艺术品格，因为新闻人物特写具有文学性，一方面具有形象性，另一方面具有情感性；三是在消息不能有所作为的地方发挥作用，比如有一些有价值的新闻人物题材不适合写成消息，因为消息是以新闻事件为基本内容的，而有些新闻人物不具有事件性。

> **🔍 要点总结**
>
> 新闻人物特写（也称人物通讯）就是以人物为中心报道对象，通过一个人物或一组人物新近的行动来反映时代特点和社会面貌的一种通讯形式。

2 电视新闻稿件播音

> **线下思考和练习**
> 1. 辨析新闻通讯、新闻特写、人物特写、新闻人物特写之间的关联。
> 2. 在当前电视新闻节目中最为常见的新闻人物特写主要是哪类内容?
> 3. 在当前电视新闻节目中最为常见的新闻人物特写主要是哪种形式?

2.3.2 电视新闻人物特写播音整体把握

> **?请带着思考来学习如下内容:**
> 如何把握新闻人物特写稿件?
> 如何把握新闻人物特写的播音创作?

电视新闻人物特写播音整体把握

● 先来说说如何把握新闻人物特写稿件。
一是从整体上把握新闻人物特写的写作特点;
二是从理解上把握新闻人物特写的宣传主旨;
三是从情感上把握新闻人物特写的思想内核;
四是从表达上把握新闻人物特写的行为语言。

示例 1 个人特写

徐利民:牢记为民宗旨 彰显公仆本色

徐利民,生前是浙江省金华市浦江县委常委、宣传部部长,他在33年的基层工作中,始终牢记为民宗旨,心系文化事业,尽显为民尽责的公仆本色。

这是徐利民的工作笔记,其中最后一页写着"上山申遗必须坚定信心",这是徐利民自勉和交给同事的最后一句话。

上山遗址 2000 年发现于浙江金华市浦江县,其出土的数粒炭化稻米及大量混杂的稻壳、稻叶成为一万年前稻作文化的实证。

在徐利民的努力下,2021 年,上山考古特展亮相国家博物馆,入选中国"百年百大考古发现"。可积劳成疾的徐利民却倒下了。如今,他倾注了心血的上山文化申遗,成立了专班,加快了遗址保护和申遗工作。

在徐利民的一生中,他坚信"民生无小事"。在基层工作期间,徐利民牵

81

头落实了215个惠民项目，创新推出"民情暖哨"网络平台，百姓诉求处置率达99.8%。

(《新闻联播》2024年6月18日)

示例2　集体特写

【党旗在基层一线高高飘扬】决口后的24小时 争分夺秒转移受灾群众

7月5日下午，湖南岳阳市华容县团洲垸洞庭湖一线堤防发生决口，洪水涌入下游村庄。湖南消防救援队伍1000多名消防员闻汛而动，赶赴华容县增援，在党员舟艇突击小队的带领下，搜救转移被困群众的工作连夜展开。

黑暗中的水面上只有树是坐标，水流湍急。由12名年轻党员组成的水域救援队正争分夺秒赶往距决口处7公里的团东村，那里有40多名村民被困。

舟艇几度搁浅，消防员在水中搜索了1个多小时，终于找到被困村民。消防员协助被困村民坐上舟艇，几经往返，将他们全部转送到安全地带。

救援从深夜持续到清晨。6日凌晨5时，在团北村、团胜村，多路队员驾驶橡皮艇，逐户排查有无人员被困。

水中障碍很多，消防员边破拆边前进。在一栋民房内，救援人员看到3名老人和1名10岁女孩被困在二楼，房屋一楼已经被淹。消防员跳进水中将女孩背起，拉着牵引绳，将她送到艇上。老人有些犹豫、不愿撤离，眼看洪水仍在上涨，消防员耐心劝说，终于将老人带离险境。

溃口发生后的24小时内，消防救援队伍先后营救疏散被困群众374人，随后转向巡堤查险、运送物资等工作。

(《新闻联播》2024年7月7日)

● 通过以上新闻人物特写，可以概括出在新闻人物特写的播音创作中应该把握好以下几点：

一是学习并了解现阶段大政方针。这是必须要明确的前提，因为新闻人物特写的播发一定围绕着当时新闻宣传工作的中心，而一定时期新闻宣传工作正是围绕党的大政方针展开的，所以为了能够更为准确地表达新闻人物特写，播音员必须提高政治素质、加强政治学习。

二是坚持积极正确的舆论导向。新闻宣传工作都有明确的舆论导向，我们弘扬什么、贬斥什么都应该有鲜明的态度，这也是播音员在进行新闻人物特写播读前必须牢记的。

三是充分调动内心的表达激情。激发内心感受、调动情感等手段都是辅助有声语言进行创作的。新闻人物特写多以正面弘扬主旋律为主，所以播音员在进行播音创作时应该调动起充沛的情感，准确表现出先进人物和先进事迹的闪光之处。

四是准确运用内外部表达技巧。在具体创作过程中，播音员往往综合运用内外部表达技巧。准确的语言表达和情感把握无疑会对文字稿件起到锦上添花的作用，也会收到很好的传播效果。

五是整体把握创作的和谐统一。最终衡量一篇新闻人物特写有声语言表达的成败，标准就是看是不是真实、自然，是不是能够激发受众内心的崇敬和感动。要做到这些，必然要求情、声、气以及整体把握的和谐统一。

> **要点总结**
>
> 新闻人物特写的播音创作中应该把握好以下几点：
> 一是学习并了解现阶段大政方针。
> 二是坚持积极正确的舆论导向。
> 三是充分调动内心的表达激情。
> 四是准确运用内外部表达技巧。
> 五是整体把握创作的和谐统一。

线下思考和练习

1. 电视新闻节目中的新闻人物特写与电视人物专题节目有何异同？
2. 电视新闻人物特写播音与电视人物专题解说的语言表达有何异同？
3. 电视新闻消息与新闻人物特写在具体播音创作上如何区分？

电视新闻人物
特写播音
（课堂实践）

练习 1

【筑梦现代化 共绘新图景·代表委员履职故事】梁倩娟：
推进乡村振兴 带动百姓增收

2024年全国两会召开在即。《新闻联播》今天开始推出系列报道《筑梦现代化 共绘新图景·代表委员履职故事》。今天的代表履职故事，我们一起来认识一位忙碌在甘肃乡村振兴一线的全国人大代表梁倩娟。

在甘肃陇南徽县，随着近期气温回升，不少农户开始为春耕做起了准备。记者见到梁倩娟的时候，她正在村里了解乡亲们的生产情况。

徽县处于丘陵地区，全县七成的耕地都是梯田。去年年初，梁倩娟在走访调研时发现，适合梯田作业的小型农机种类少、价格贵，当地农业生产仍以传统人工方式为主，效率低、成本高，无法开展大规模耕种。2023年全国两会上，梁倩娟提出了加大丘陵山区农机研发推广以及补贴的建议。几个月后，农业农村部答复，将加大对这类装备的研制推广和补贴力度。甘肃省也加大了相关补贴力度。乘着政策的东风，李国兵去年8月也接连添置了谷物收割机、玉米收割机。

2023年，徽县新增各类农机560多台，综合机械化水平提升到61%。

今年，梁倩娟把目光投向了农村电商。如何拓展销售渠道，让初级农产品更好地从"田间"连上"指尖"，带动老乡们持续增收。梁倩娟对农户、电商、物流企业以及相关主管部门持续展开调研。

（《新闻联播》2024年2月18日）

练习2

【大国工匠】曹毅：逐梦太空的"帆板王子"

"嫦娥"揽月、"天问"探火、"空间站"遨游太空，在一系列国家重大航天工程的背后，是无数能工巧匠的支撑。今天的《大国工匠》，我们就来认识航天科技集团特级技师，被称作航天制造领域"帆板王子"的曹毅。

在航天科技集团八院的空间飞行器总装厂房，一艘神舟飞船的太阳帆板即将开始安装调试的工作。

太阳帆板是飞行器最重要的组件之一，飞行器在太空中主要的动力都来自它。这其中的关键零件就是铰链机构，它类似于门的合页，通过它的打开来带动帆板的展开。由于太空环境复杂，因此铰链的精度要求非常高，允许的误差只有0.05毫米。曹毅调过的铰链机构可以做到零误差。

1997年，曹毅被选入八院载人航天工程总装团队，进行神舟一号飞船太阳帆板的首次总装。这是一个全新的领域，由于没有现成的经验可供借鉴，大家只能边操作边摸索。经过一个月，总算是把帆板装起来了，然而，一做试验却给了他们当头一棒。

眼看着发射日期越来越近，问题却始终无法解决。在排除了一个又一个因素之后，曹毅把目光盯向了连接铰链和帆板的钢丝绳。

神舟一号飞船的成功发射是中国载人航天工程的首次飞行，曹毅参与研制的太阳帆板在太空中顺利展开。

30多年来，在曹毅的手中，"空间站"实验舱、"神舟"系列载人飞船、"天舟"系列货运飞船全部实现了太阳帆板在轨展开"零故障"。他牵头研制的装置获得5项国家专利，大家都亲切地叫他"帆板王子"。如今，年过半百的"帆板王子"依然奋战在总装的一线，迎接新的更大的挑战。

(《新闻联播》2023年4月30日)

练习3

【党旗在基层一线高高飘扬】守护好"中华水塔"

三江源国家公园黄河源园区党委持续发挥党组织战斗堡垒作用，带领党员群众在高海拔高寒的环境中，保护和修复生态，提升水源涵养能力，守护好"中华水塔"。

三江源国家公园黄河源园区内分布着雪豹、藏狐、岩羊等珍稀野生动物，黄河乡机关党支部的党员加羊多杰和同事们正在沿着野生动物穿行路径，寻找架设红外相机的最佳位置，以便记录、研究它们的习性和分布情况，进行有效保护。像这样整日在人迹罕至的野外奔波，早已成为加羊多杰的日常。

三江源国家公园黄河源园区面积1.91万平方公里，平均海拔4500米。这里最低气温达到零下40多摄氏度，自然条件严酷，生态脆弱，旱灾、雪灾频发，生态保护修复治理的任务非常艰巨。2016年黄河源园区刚刚设立时，加羊多杰为了尽快摸清楚白玛纳村11万公顷的草原、山地等自然资源情况，整整4天奔波在山野湿地之间。

8年间，加羊多杰行程9万多公里，他与同事们巡护草场湖泊，救助野生动物，给鸟类搭巢筑窝，给沙地打围种草，以共产党员的高度责任感守护着这片宁静幽美的高原，描绘着人与自然和谐共生的画卷。

在党员示范带领下，不少牧民成为生态保护的"主力军"。

8年来，黄河源园区党委组建了19个生态管护队和党支部、184个党小组。300多名党员带头，克服高寒缺氧、道路不畅等困难，常年深入草原冰川、湖泊湿地，探索着山水林田湖草沙一体化保护和系统治理的路径。

如今，黄河源再现千湖奇观，湿地面积增加104平方公里，草地综合植被覆盖度达56.3%，生物多样性不断丰富，野生动物种群增加到了106种。

(《新闻联播》2024年7月1日)

练习 4

【党旗在基层一线高高飘扬】宋学文：在平凡的岗位上建功立业

快递小哥宋学文，在平凡的岗位上用"有速度更有温度"的服务赢得了大家认可。他牢记共产党员的使命信念，带领他的团队，用点滴行动践行着"为人民服务"的初心。

上门揽收快递件是快递小哥的日常工作，可宋学文却把它做成了一门"学问"。

除了干活细心、勤劳肯干，宋学文还琢磨着如何提高工作效率。他定期统计和分析客户的快递习惯和需求，对辖区内每一户商家、客户的位置了如指掌。

正是对快递员工作的理解与热爱，宋学文把客户的满意当成最大的工作目标。凭借过硬的业务能力和全身心的投入，2018年，宋学文光荣地加入了中国共产党，并从一名普通的快递员成长为业务骨干。

在快递一线工作13年来，宋学文累计配送里程超32万公里，配送包裹30万件，做到了零误差、无投诉、无安全事故。他还带领团队参与国庆70周年庆典，服务冬奥一线物流保障，投身上海抗疫保供等。在快递员这个平凡岗位上，他获得了"全国劳动模范""全国优秀共产党员"等荣誉，并当选为党的二十大代表。

(《新闻联播》2024年7月2日)

2.4 电视新闻评论播音

2.4.1 电视新闻评论播音界定，社论播音

电视新闻评论
播音界定，
社论播音

> ? 请带着思考来学习如下内容：
>
> 什么是电视新闻评论？
> 什么是电视新闻评论播音？

● 我们先来讲什么是电视新闻评论。

电视新闻评论是评论者或电视机构对当前具有普遍意义的新闻事件、社会问题、社会现象所持的态度、意见、观点，是引导舆论的重要手段，是电视新闻的旗帜和灵魂。与消息类新闻节目相比，评论类新闻节目的特点在于不仅要摆事实，还要发议论、讲道理。电视新闻评论要就事论理，逻辑严密，思想深刻。与此同时，还要求充分运用多种电视语言符号和表达方式，增强可视性。

● 接下来讲讲什么是电视新闻评论播音。

电视新闻评论播音是指电视新闻播音员依据新闻评论性稿件，以出图像或配合画面的口播形式，通过有声语言和副语言来完成的语言符号传播工作，是对社论、评论员文章等新闻评论文字稿件进行播读的有声语言再创作。评论播音要观点鲜明、逻辑严密、以理服人。

电视新闻评论播音主要有社论播音、评论员文章播音、本台评论播音、编后话播音等几大类。

社论

● 下面先来讲社论播音。那么什么是社论呢？

国内外的报刊历来对社论这一体裁都十分重视，社论在报刊上具有重要的地位和作用。"韦氏大词典"关于社论的解释是："社论是一个报纸或杂志

表明其总主笔或领导人意见之文章。"

社论是报刊最重要的论文,是代表编辑部的、具有指导性的论文。20世纪50年代,我国报纸曾提出"天天有社论,版版有言论",反映新闻与社会的巨大变化。

示例 1

【人民日报社论】历史悲剧决不允许重演

明天出版的《人民日报》将发表社论,题目是《历史悲剧决不允许重演》。

文章说,77年前的今天,日本军国主义悍然炮轰宛平城,制造了震惊中外的"七七事变"。中华儿女经过8年浴血奋战,赢得了中国人民抗日战争的伟大胜利。这是中华民族在伟大复兴征程上的重大转折,为世界反法西斯战争的胜利作出了不可磨灭的贡献。

文章说,70多年过去,正义与邪恶的较量并未结束。现实警醒我们,日本右翼势力有扩展泛滥的趋势,日本军国主义有死灰复燃的危险。这不仅是对历史真相和公理正义的公然藐视,更是对战后国际秩序的蓄意破坏。

文章强调,今天,我们纪念全民族抗战爆发77周年,是为了尊重和维护历史的真实性和严肃性,捍卫人类的尊严和良知;是为了从历史中汲取智慧启迪,坚定不移走和平发展道路、坚定不移维护世界和平。中国人民将以最大的决心和努力,坚决捍卫世界反法西斯战争胜利成果,坚决维护国家安全和地区和平稳定。决不允许军国主义卷土重来,决不允许历史悲剧重演。

(《新闻联播》2014年7月6日)

示例 2

【人民日报社论】让五四精神在新时代放射新的光芒——
纪念五四运动100周年

明天出版的《人民日报》将发表社论,题目是《让五四精神在新时代放射新的光芒——纪念五四运动100周年》。

文章强调,习近平总书记在纪念五四运动100周年大会上的重要讲话中,高度评价了五四运动的历史意义,明确提出了新时代发扬五四精神的重要要求,深情寄语当代青年。在五四精神激励下,当代青年要激扬家国情怀,与祖国共奋进，要坚持知行合一，同人民齐奋斗，让青春在为祖国、为人民、为民族、为人类的奉献中焕发出更加绚丽的光彩。

(《新闻联播》2019年5月3日)

> **要点总结**
>
> 第一，电视新闻评论是评论者或电视机构对当前具有普遍意义的新闻事件、社会问题、社会现象所持的态度、意见、观点，是引导舆论的重要手段，是电视新闻的旗帜和灵魂。
>
> 第二，电视新闻评论播音是指电视新闻播音员依据新闻评论性稿件，以出图像或配合画面的口播形式，通过有声语言和副语言来完成的语言符号传播工作，是对社论、评论员文章等新闻评论文字稿件进行播读的有声语言再创作。评论播音要观点鲜明、逻辑严密、以理服人。

线下思考和练习

1. 电视新闻评论在新闻宣传报道中有何作用？
2. 电视新闻评论与电视新闻消息和电视新闻专题有何关联？
3. 为何电视新闻媒体会播发平面媒体的社论？

练习1

【人民日报社论】在矢志奋斗中谱写新时代的青春之歌——庆祝中国共产主义青年团成立一百周年

明天出版的《人民日报》将发表社论，题目是《在矢志奋斗中谱写新时代的青春之歌——庆祝中国共产主义青年团成立一百周年》。

社论指出，历史和实践充分证明，中国共产党是我们成就伟业最可靠的主心骨，代表广大青年、赢得广大青年、依靠广大青年是我们党不断从胜利走向胜利的重要保证；共青团不愧为党和人民事业的生力军和突击队，不愧为党的得力助手和可靠后备军；无论过去、现在还是未来，中国青年始终是实现中华民族伟大复兴的先锋力量。

社论强调，中华民族伟大复兴的中国梦终将在一代代青年的接力奋斗中变为现实。让我们更加紧密地团结在以习近平同志为核心的党中央周围，坚持以习近平新时代中国特色社会主义思想为指导，深刻领会"两个确立"的决定性意义，增强"四个意识"、坚定"四个自信"、做到"两个维护"，砥砺前行、奋发有为，以实际行动迎接党的二十大胜利召开，在全面建设社会主义现代化国家新征程上铸就新的历史伟业。

（《新闻联播》2022年5月3日）

练习2

【人民日报社论】续写"一国两制"成功实践新篇章——
热烈祝贺澳门回归祖国二十周年

今天出版的《人民日报》发表社论，题目是《续写"一国两制"成功实践新篇章——热烈祝贺澳门回归祖国二十周年》。

文章说，回归二十年来，澳门沧海桑田、翻天覆地，经济快速增长、民生持续改善、社会稳定和谐，"莲花宝地"开创了历史上最好的发展局面。澳门经济社会发展取得的巨大成就，向世界展示了具有澳门特色的"一国两制"成功实践，彰显了"一国两制"的巨大优越性和强大生命力。

文章强调，"一国两制"是解决历史遗留的澳门问题的最佳方案，也是澳门回归后保持长期繁荣稳定的最佳制度，是行得通、办得到、得人心的！有伟大祖国作坚强后盾，有爱国爱澳的价值支撑，有澳门同胞的齐心协力，澳门这朵美丽莲花必将绽放出更加绚丽、更加迷人的色彩。

（《新闻联播》2019年12月20日）

评论员文章、
本台评论、
编后话播音

2.4.2 评论员文章、本台评论、编后话播音

> **？请带着思考来学习如下内容：**
>
> 什么是评论员文章？
> 什么是本台评论？
> 什么是编后话？

一、评论员文章

● 评论员文章既非个人署名的一般性文章，又不代表整个编辑部，只是编辑部某个评论员的文章，有比较大的灵活性。它既有一定的官方色彩，又不完全代表官方，写作上可以自由一些，文章选择的角度可以小些，论述可以深入一些。其规格和权威性介乎社论与短评之间。

示例 1

【新华社评论员文章】缅怀不朽的身影 铭记永恒的呼唤

新华社今天播发评论员文章《缅怀不朽的身影 铭记永恒的呼唤——写在焦裕禄同志逝世 50 周年之际》。

文章说，历史的一幕是这样震撼人心：50 年前，兰考百姓洒泪送别他们的好书记，无数人深受心灵上的洗礼。50 年后，一股热流再次在中华大地上涌动：努力做焦裕禄式的好党员、好干部，这是习近平总书记发出的有力号召；学习弘扬焦裕禄精神，成为党正在开展的教育实践活动贯穿始终的一条红线。

因为一种精神，人们记住了一个"榜样"：县委书记的榜样——焦裕禄。因为一个榜样，社会多了一份坚定的守望。这就是榜样的无穷力量，也是一个社会最为深切的期待与呼唤。

（《新闻联播》2014 年 5 月 13 日）

示例 2

【人民日报评论员文章】新时代最可爱的人

明天出版的《人民日报》将发表评论员文章，题目是《新时代最可爱的人》。

文章指出，广大医务工作者为患者带来希望、带来光明，事迹感人至深、可歌可泣，不愧为最美的天使、真正的英雄、新时代最可爱的人！

文章强调，广大医务工作者当中，人们看到了"90 后""00 后"群像。他们不怕苦、不怕牺牲，勇挑重担、经受考验，用实际行动证明了年青一代的责任、担当和价值，以英雄壮举为新时代中国青年树立了榜样。

（《新闻联播》2020 年 3 月 12 日）

二、本台评论

● 本台评论是电视台以本台名义撰写、制作和播出的最高规格的新闻评论，相当于报纸的社论。这种评论主要用来阐述具有全局意义的重大论题，如党和政府的重大决策、部署和方针政策，社会瞩目的重大新闻事件或社会现象、社会问题。

论题的全局意义不等于全国意义,是相对于本台的覆盖范围而言的。各级电视台都可以从本台的实际出发,适当其时地撰写、播出自己的本台评论。本台评论一般以口播的方式播出。

示例 1

【本台评论】整顿作风 从小处抓起

"四风"改头换面转入地下,既证明了反"四风"的威慑力,也说明还有人心存侥幸。这样的小聪明,糊弄不了群众,逃不过越来越严密的全方位监督。整顿作风是艰巨的长期工程,之所以盯住小小一块月饼,就是要从小处抓起,从细节抓起,从习以为常、见惯不怪的人情往来抓起,建立起一种清新健康的新时代君子之交,培育出符合社会主义核心价值观的党风政风和社风民风。坚持一个节点一个节点地抓,扭住不放松,体现的是一种不妥协、不懈怠、不刮一阵风的坚定态度。中秋节皓月当空,一肩明月两袖清风,应当成为我们永恒的节操。

(《新闻联播》2014 年 7 月 24 日)

本台评论有时会根据不同媒体的舆论宣传需要呈现不同的形式,比如和"央视快评"和"国际锐评"就是属于本台评论的国内外时事评论的变化形式。

示例 2

【国际锐评】强打汇率牌实施经济霸凌不得人心

本台今天刊播国际锐评《强打汇率牌实施经济霸凌不得人心》。

锐评指出,美国财政部近日将中国列为"汇率操纵国",说明面对中国捍卫自身利益的坚定立场,美国一些人异常急切地试图利用汇率问题对中国进行极限施压,实施经济霸凌。

用汇率牌打压竞争对手是美国的惯用手段。近期,人民币汇率随着市场供求和预期变化出现一定波动,美国一些人以为机会来了,对经济常识和国际机构权威评估"选择性失明",自导自演了一出"荒诞剧",以进一步对华施压,同时迎合美国国内政治需要。

锐评说，作为一个负责任经济体，中国已经多次明确承诺不搞竞争性贬值，也不会将汇率作为工具来应对贸易争端等外部扰动。人民币大幅贬值不符合中国利益。美国妄图打汇率牌施压中国的算计不得人心，注定落空。

(《新闻联播》2019 年 8 月 7 日)

三、编后话

● 编后话是附于新闻报道或文章之后播出的一种画龙点睛式的评论。它属于以本台名义播发的微型评论，兼具类似报纸的"编者按语"和"编后"的表现功能，既可以像"编者按语"那样只作论断而不具体论述，也可以像"编后"那样有所发挥。

两种表现方式都着眼于通过适当提示，引起受众重视，启发他们思考、联想和寻求解决问题的办法，多用于阐述某些一点就明或处于萌芽状态但须提醒人们注意的问题。写作上力求内容精练、语言简洁；即使需要叙事、议论或抒情，也应适可而止、不宜过长。

新闻节目编后话，一般由播音员口播。用于新闻性专题的编后话，有时还可以作为解说词或串联词的一部分播出。这种编后话除表明对于事物的看法和态度以外，实际上还具有承上启下、增强节目整体感的结构功能。

"央视短评"是编后话的一种变体，是在编播完新闻报道之后阐发的画龙点睛式的评论。

示例 1

【央视短评】把初心写在祖国大地上

"农民院士"，一句亲切的称呼，道出了朱有勇在农民心中的人气儿，更映衬出他心系三农、扎根边疆的深沉情怀。把论文写在田间地头，把责任融入脱贫攻坚主战场。朱有勇，有勇有智有担当，他的科研事业从泥土中开花结果，也帮助落后地区拔除穷根。只要我们不忘初心、牢记使命，持之以恒奋斗，就一定能夺取全面建成小康社会的伟大胜利。

(《新闻联播》2019 年 11 月 29 日)

示例 2

【央视短评】扎根祖国大地 散发人生芬芳

卢永根的一生，充满了爱国情、报国志。他扎根祖国大地，让自己的梦想与党和国家的事业相融相生。水稻开花结果、稻香四溢，卢永根的一生更是硕果累累，其中最宝贵的，就是他一心向党、一生爱国、一身正气、一生恭俭的情怀和情操。与祖国同成长，与人民共奋进，这样的人生必定芬芳无限。

(《新闻联播》2019年11月13日)

> **要点总结**
>
> 电视新闻评论播音主要有社论播音、评论员文章播音、本台评论播音、编后话播音等几大类。

> **线下思考和练习**
>
> 1. 社论、评论员文章、本台评论、编后话等电视新闻评论分别有何特点和作用？
> 2. 上述几类主要的电视新闻评论播音创作在语言表达上是否需要区分？如何区分？
> 3. 有稿评论播音和评论节目主持在内容、形式上有何不同？具体表达有何不同？

练习1

【人民日报评论员文章】把香港当反华工具是痴心妄想——打"香港牌"不会得逞

明天出版的《人民日报》将发表评论员文章，题目是《把香港当反华工具是痴心妄想——打"香港牌"不会得逞》。

文章指出，美国一些政客不断对香港事务说三道四，假"人权""民主"之名，颠倒黑白、混淆是非。这不仅是和700多万香港市民作对，和14亿中国人民作对，也是和世界公义、国际基本准则作对，必将遭到国际社会一致唾弃。

文章强调，我们奉劝美方趁早收回他们在香港伸出的黑手。事实再清楚不过，谁与潮流为敌、同人心作对，谁就会碰得头破血流。

(《新闻联播》2019年12月2日)

练习 2

【国际锐评】玩弄双重标准注定失败

本台今天刊播国际锐评《玩弄双重标准注定失败》。

锐评指出，美方日前悍然将所谓"香港人权与民主法案"签署成法，打着"民主""人权"的幌子严重干预香港事务，严重干涉中国内政，严重违反国际法和国际关系基本准则，再次暴露出其双重标准的虚伪和霸道。

美方必须知道，双重标准是一把双刃剑，挥向别人，也会砍伤自己。奉劝美方一些政客立即停止插手香港事务！任何外来威胁、施压都吓不倒中国人民，任何力量都不能阻挡中华民族实现伟大复兴的进程，任何企图破坏香港繁荣稳定、阻碍中国发展的把戏，最终注定失败！

(《新闻联播》2019 年 12 月 1 日)

练习 3

【央视短评】在勇挑重担中接力奋斗

"初心不因来路迢迢而改变，使命不因风雨坎坷而淡忘"，李夏用行动书写了一名纪检干部的精神风采，用生命践行了共产党人的初心和使命。从李夏身上汲取精神力量，在扎根基层中心系群众，在勇挑重担中接力奋斗，就能实现人生价值，为民族复兴作出新的贡献。

(《新闻联播》2019 年 10 月 21 日)

03 电视新闻节目主持

电视新闻节目主持

电视新闻节目主持课程导入

课程导入

这一章我们来学习"电视新闻节目主持"。

电视新闻节目有很多形式和样态，既有新闻消息播报，也有新闻节目主持。

电视新闻节目主持是电视新闻节目传播过程中的重要环节，主持人在其中扮演着关键角色。电视新闻消息的有声语言传播可以有多种样式，既可以是宣读式，也可以是播报式，还可以是谈话式。随着电视新闻节目样式的丰富，很多新闻版块型节目中都有多种语态的综合运用，既有消息播报，又有说新闻、评论串联，丰富了电视新闻节目的语言表达样式。电视新闻节目主持人不仅是信息的传递者，更是与观众进行交流的桥梁，需要具备扎实的专业基本功和出色的主持技巧。

第一，电视新闻节目主持人需要具备较高的新闻敏感度和专业素养。他们要能够迅速捕捉新闻的核心信息，并准确地传递给观众。同时，他们还要对新闻事件进行深入的分析和解读，以帮助观众更好地理解新闻内容。

第二，电视新闻节目主持人需要掌握多样化的主持技巧。这包括使用规范的语言、保持积极的镜头前状态、掌握多样化的新闻主持语态等。他们还需要注意语速和节奏的掌控以及重音和语气的处理，以使得有声语言和副语言能够和谐统一。

第三，电视新闻节目主持人需要具备良好的语言表达能力和感染力。他们要通过自己的语言和举止，让观众感受到亲切、自然和可信。主持人要以真诚、平等的态度与观众进行交流，设身处地为他们着想。

第四，电视新闻节目主持人需要根据节目的定位和观众的需求形成自己的个人主持风格。但无论哪种风格，都需要与节目定位相协调。

第五，电视新闻节目主持人需要不断学习和实践以提高自己的专业素养和主持能力，需要关注新闻行业的发展趋势，了解最新的主持理念和技巧，并不断地进行实践尝试和创新。

总之，电视新闻节目主持人只有具备了扎实的专业基本功、出色的主持技巧和良好的个人素养，才能够胜任这一职务并赢得观众的喜爱和信任。

这一章我们就电视新闻节目中的主持人业务及其概念和实践技能技巧等进行讲解，包括电视新闻杂志型节目、电视新闻专题节目、电视民生新闻节目、电视新闻读报节目、电视新闻访谈节目、电视新闻评论节目、电视新闻现场报道等的界定、概况、特点，以及主持人如何把握等。

在学习当中，希望大家勤思考、多实践，还要关注并观摩优秀的电视新闻节目。

好，接下来将开启"电视新闻节目主持"的学习！

3.1 电视新闻杂志型节目主持

3.1.1 电视新闻杂志型节目主持相关界定、概况

电视新闻杂志型
节目主持相关
界定、概况

> ? 请带着思考来学习如下内容：
>
> 什么是新闻杂志型节目？
> 新闻杂志型节目的显著特点是什么？

● 先来说一下什么是新闻杂志型节目。

新闻杂志型节目又称为杂志型新闻节目，是电视新闻深度报道的重要节目形态之一。它借鉴杂志的综合编排方法，利用电视的传播优势和报道、评述手法，按栏目的宗旨，将不同样式和内容的新闻版块小栏目串联起来，形成一个完整的节目，在固定时间播出。其中，主持人起着突出的作用。该节目形式吸取了专题报道和集纳性动态新闻的优点，具有显著特点：杂而有序，中心突出，形式上综合性强，灵活多样。

《广播电视简明辞典》对新闻杂志型节目的定义是，"电视屏幕上的综合性新闻性节目。它在固定栏目时间内采用杂志综合编排方式，以节目主持人的形式播出……这类节目由主持人把内容串联为有机整体，并对重要的新闻做简要的评述，有利于充分发挥电视传播的优势"。

新闻杂志型节目以传播深度信息为主，同时兼顾其他社会功能，满足受众多方面的需求。比较有代表性的新闻杂志型节目在中国有《东方时空》，在美国有《60分钟》。《东方时空》以提供深度信息和权威分析及评论为主。《60分钟》的基本框架是节目介绍、具体报道等，还有名牌子栏目安迪·鲁尼的评论。《60分钟》主要使用"讲故事"的叙述模式，如侦探模式、分析者模式、游客模式等，强调故事的冲突性。

● 接下来说说新闻杂志型节目的概况。

在美国广播发展初期，由于信号覆盖不充分，听众的构成比较复杂，所以广播节目必须考虑各种受众群体的需要，于是在20世纪30年代最早的版

块节目诞生了，主持人形式也纷纷出现，主持人以个性风格和受众建立了密切的传受关系。当时的新闻节目大多表现为新闻版块形式，大量的新闻记者采录的报道在节目中直接播出。

新闻杂志型节目就脱胎于新闻版块节目。新闻杂志型节目最早出现于美国。1952年美国广播公司（NBC）副总经理韦弗提出创办杂志型电视新闻节目的设想。目前美国的几大商业电视网都有自己的名牌新闻杂志型节目在黄金时段播出，收视率稳居高位。在中国，1987年7月，上海电视台推出了国内第一档新闻杂志型节目《新闻透视》。1988年1月，福建电视台创办了新闻杂志型节目《新闻半小时》。此后，国内诞生了一批较有影响力的新闻杂志型节目。1993年5月，中央电视台推出了大型新闻杂志型节目《东方时空》，此后新闻杂志型节目形式被广泛运用于各时段电视新闻节目中。

> **要点总结**
>
> 第一，新闻杂志型节目又称为杂志型新闻节目，是电视新闻深度报道的重要节目形态之一。它借鉴杂志的综合编排方法，利用电视的传播优势和报道、评述手法，按栏目的宗旨，将不同样式和内容的新闻版块小栏目串联起来，形成一个完整的节目，在固定时间播出。其中，主持人起着突出的作用。
>
> 第二，该节目形式吸取了专题报道和集纳性动态新闻的优点，具有显著特点：杂而有序，中心突出，形式上综合性强，灵活多样。

> **线下思考和练习**
>
> 1. 请查阅文献资料，试着阐释新闻版块节目和新闻杂志型节目的异同。
> 2. 关注各级媒体的电视新闻杂志型节目，并做概括分析。

3.1.2 电视新闻杂志型节目主持整体把握

> **请带着思考来学习如下内容：**
>
> 新闻杂志型节目的内容设置有什么特点？
> 新闻杂志型节目的编排优势有哪些？

电视新闻杂志型节目主持整体把握

● 下面我们就来讲讲新闻杂志型节目主持应该如何整体把握。

新闻杂志型节目不仅告诉人们发生了什么事，而且告诉人们这些事情背后潜在的东西以及将要发生什么。它注重新闻的调查，注重分析、说理和引导，是对重大新闻事件、典型新闻的纵深报道、阐释评论，起到舆论引导的作用，给受众留下深刻印象并发人深思。

新闻杂志型节目必然具备新闻的本质特征，同时兼具自身特点。因此从节目内容的设置，到具体内容的选择，再到整个节目的编排，需要全盘把握，每个细节都要精心策划。

● 在内容设置方面有什么特征呢？

新闻杂志型节目既要有时效性，又要加强针对性，还要兼顾社会性、知识性、服务性和趣味性，及时捕捉、剖析受众关注的重大新闻、热点新闻和社会问题，力求题材内容多样化，透视分析全方位，充分发挥综合优势。

"深"是新闻杂志型节目的一个根本性特征。节目通过对社会热点问题的系列报道进行多角度"透视"，可以利用前方记者的现场优势向受众客观、深入报道事件的发生、发展，激发受众深入思考，还可以通过主持人的思考性语言，提出新见解和有针对性、富有见地的建议。主持人的思考、评述是增强新闻杂志型节目思想深度的重要方式。

● 那么在编排上有哪些优势呢？

新闻杂志型节目在固定的栏目、固定的时间，采用杂志型编排方法，由主持人主持串联播出。它在内容上虽然"杂"，但是并不"乱"，并且长短结合，重点突出。形式上采用版块结构，灵活多变。主持人将各个内容串联成为一个有机的整体，并对重要题材做深入采访和评述。

● 新闻杂志型节目还有不少优点：

第一，用多样化题材和手段来激发受众的兴趣。

第二，容量大、题材广，巧妙融为一体。

第三，变化灵活，结构合理，随时调整。总之，新闻杂志型节目的设置和编排都力求新颖和个性，关键在于编排要得当合理，符合受众的心理和习惯。

示例

《东方时空·时空观察》片段*

今天的《时空观察》我们要聚焦的是今天下午刚刚开标的人工关节的接续采购的最新进展。

今天,国家医保局组织的人工关节的集采协议期满之后的接续采购在天津开标,和第一轮的集采结果相比,本次接续采购的中选价格稳中有降,平均下降了6%左右,实现了一个稳定的集采成果,也确保了群众长期受益的目标。

本次接续采购坚持了"量价挂钩、以量换价"的原则,在巩固第一轮的集采降价或者是成果的基础之上优化了采购的规则。据了解,本次的接续采购中选结果会于6月份在全国落地实施,和上一轮的集采平稳有序地衔接,让患者可以持续地受益。

接下来我们就通过这样几个问题来关注一下今天进行的接续的人工关节的集采:

第一个问题就是,这次接续采购的结果怎么样?

第二(个问题)就是人工关节的集采怎么对患者以及企业产生良性的影响?

最后一个问题我们要来关注的是如何借鉴第一次的集采经验保障本次的接续采购呢?

接下来我们深入地了解一下这一次集采的相关信息。

此次接续采购的产品是人工关节医用耗材,这个产品的范围和首轮国家组织人工关节的集采是一样的,包括初次置换的人工全髋关节以及初次置换的人工全膝关节。此次集采被称为接续采购,这里的"接续"是什么意思呢?因为在2022年的4月份,人工关节首次进行了集中大量采购,落地执行协议期是两年。现在,两年的协议期即将期满,为了巩固这样的高值医用耗材集中大量采购的改革成果,着眼于稳定价格的水平,稳定临床的使用以及稳定生产和供应链条,引导行业和社会形成一个长期稳定的预期,所以要和上一轮的集采平稳有序地衔接,让患者可以持续地受益,国家组织了高值医用耗材联合采购办公室开展了这一轮的接续采购。

---

* 依据播出内容略有删改,后文同。

接下来我们看看第二个问题，就是人工关节的集采会对患者和企业产生什么样的影响呢？

首先来看患者方面，既然我们谈到了已经落地了两年的首次国家组织人工关节的集采，就不得不来关注这两年它为普通的患者到底带来了什么样的好处。我们来看数字。

全国一共使用集采的人工关节超过了 111 万套，可以说显著地降低了这些患者的负担。接下来我们就到浙江宁波去深入了解一个案例，一位患者杨女士的经历。

（正片）

杨女士手术费用大幅减少，当然就是因为国家组织了人工关节的集采。我们就以人工髋关节为例，来了解一下人工关节置换的一些相关背景。最早是在 1938 年，英国成功地开展了世界上第一例髋关节置换手术；到了 1973 年，我们国家也成功地实施了第一例髋关节置换手术；到现在为止已经历经了数十年的发展，当然髋关节的置换，在临床上的应用十分成熟。人工髋关节实际上就是模仿人体自然的髋关节而设计的，它的全套主要包括了合金或者是陶瓷做的股骨头，还有这个合金制成的股骨柄，用合金制成的髋臼杯，以及用聚乙烯或者陶瓷制成的髋臼内衬，髋臼杯、髋臼内衬啊，非常复杂，是医学上的专用术语。髋关节置换手术就是把损伤的股骨头切除，然后替换成人工的髋关节，经过一段时间的骨质的生长，人工的关节和人体本身的骨头会紧密地结合在一起。据了解，在集采之后，（人工）髋关节的平均价格从原来的 35,000 元下降到了 7000 元左右，而（人工）膝关节的平均价格从原来的 32,000 元下降到了 5000 元左右，可以说政策实施以来，人工关节的置换手术耗材价格的降幅高达 80% 左右。患者受益了，那么企业方面的利益怎么来保障呢？我们就到集采的现场来听一听企业的声音。

（正片）

（《东方时空》2024 年 5 月 21 日）

● 编排电视新闻杂志型节目需要注意如下要点：
首先要恰当选择和配置节目内容。

（1）准确把握时机，优先撷取并突出社会关注的重大新闻题材，使之成为节目的主干。

（2）在保持节目内在统一性的同时力争题材多元化，力求每一期节目拥有多方面的内容，满足受众的不同需求。

(3) 既要顾及题材间的联系，也要防止简单堆砌同类题材。

其次要协调节目的内部表现形式。

(1) 根据题材的特点采用相应的表现形式，做到"量体裁衣"。

(2) 将节目整体形式纳入节目策划范围，让节目采制群体明确其要求。

(3) 适当变换局部的表现形式，包括音像资料的重新剪辑和组接。

(4) 在表现形式不便变换的情况下，采取必要的缓冲措施，如采用间隔形式协调局部，或插入过渡性的材料等。

要点总结

第一，内容方面，新闻杂志型节目既要有时效性，又要加强针对性，还要兼顾社会性、知识性、服务性和趣味性，力求题材内容多样化，透视分析全方位，充分发挥综合优势。"深"是新闻杂志型节目的一个根本性特征。

第二，编排方面，新闻杂志型节目采用杂志型编排方法，"杂"而不"乱"，长短结合，重点突出，版块结构，灵活多变。主持人将各个内容串联成为一个有机的整体，并对重要题材做深入采访和评述。

电视新闻杂志型
节目主持
（课堂实践）

线下思考和练习

1. 选取一档电视新闻杂志型节目，分析其都有哪些子栏目设置。

2. 自己策划一期电视新闻杂志型节目，根据播出平台、播出时段、播出方式、受众特性等要素进行文案写作和播音主持练习。

3.2 电视新闻专题节目主持

3.2.1 电视新闻专题节目主持相关界定、概况

电视新闻专题
节目主持相关
界定、概况

> ? 请带着思考来学习如下内容：
> 什么是电视新闻专题节目？
> 电视新闻专题节目大致可分为哪些类型？

● 我们先来讲讲什么是电视新闻专题节目。

电视新闻专题节目也可以称作专题类电视新闻节目。专题，顾名思义，是对某一个专门的题材、课题进行探讨并传播。各台、各节目部门都创办各类专题节目，如对象性专题、知识性专题、服务性专题、文化艺术性专题等。

专题类电视新闻是综合运用各种电视表现手段与播出方式，深入报道某一重大新闻事件或某些具有新闻价值又为广大受众所关心的典型人物、经验、新出现的社会现象以及某一战线、地区新面貌等题材的新闻报道形式。

电视新闻专题节目的特征是具有新闻性，它和消息类新闻节目的区别在于其专题性，即对某一专门问题做专门的分析报道。可以说，它是消息类新闻节目的延伸和拓展。

● 接下来我们讲讲电视新闻专题节目的概况及类型。

电视新闻专题节目大致可分为专题新闻、专题报道、思辨性报道等类型。

专题新闻主要是对重大新闻事件进行详尽报道的节目形式。它在时效上与消息类新闻节目最为接近，而在内容上则更为详尽和全面。这类新闻主要报道党和政府的重要活动、重要会议、节日庆典以及人们关注的其他重大活动。

专题报道是电视新闻深度报道常用的节目形式，是新闻专题节目中进行深度报道的主要形式。在选题上，选取当前具有重要意义的新闻的多角度、多侧面的信息；在表达方式上，根据内容准确、鲜明、生动地调动电视手段。它的具体类型有典型报道（主旋律）、重大事件的现场报道、重大事件的综述

回顾等。

思辨性报道是对社会问题、社会现象的分析和思辨，在事实的基础上说理，换个角度思考，还要有深入的调查研究以及成果。

以上三大类型节目可以每期独立成篇，也可以连续播出几集；既可以在固定时间、固定栏目出现，也可以存在于新闻版块当中，成为子栏目。

目前，电视新闻专题节目在创作走向上有以下主要趋势：题材结构故事化，叙事方法情感化，人物展示个性化。

> **要点总结**
>
> 第一，专题类电视新闻是综合运用各种电视表现手段与播出方式，深入报道某一重大新闻事件或某些具有新闻价值又为广大受众所关心的典型人物、经验，新出现的社会现象以及某一战线、地区新面貌等题材的新闻报道形式。
>
> 第二，电视新闻专题节目大致可分为专题新闻、专题报道、思辨性报道等类型。

> **线下思考和练习**
>
> 1. 电视新闻专题节目和电视新闻消息节目有何不同？
> 2. 举例分析电视专题新闻、专题报道、思辨性报道等类型之间的关联。

电视新闻专题节目主持整体把握

3.2.2 电视新闻专题节目主持整体把握

> **请带着思考来学习如下内容：**
> 电视新闻专题节目的主持在具体操作过程中先后有哪几个必要环节？
> 电视新闻专题节目的主持还需要从宏观上把握好哪几点？

● 概括地说，电视新闻专题节目主持在具体操作过程中先后有这样几个必要环节：

第一，明确传播目的。每一档新闻专题节目的选题都是一个时期广受关注的热点话题，具有鲜明的舆论导向作用。此类电视节目的播音主持创作一定要明确传播目的。

第二，充分了解资料。主持人一定要尽可能地做好案头工作，除了准备节目稿件，还应查阅相关资料，尤其在访谈中，只有在充分了解资料的前提下才可能随机应变、游刃有余。

第三，注意分寸把握。主持人要注意语言分寸的把握，尤其在一些政治敏感问题上，更应该表现出一定的立场并拿捏好分寸。

第四，注重人文关怀。主持人是节目进程的主导者，具有人文关怀是有效的传播表达方式。所以主持人应该充分考虑到电视观众，为观众着想，以达到比较理想的传播效果。

● 除了要注意之前所述的四个必要环节，还需要从宏观上把握好如下五点：

第一，把握好大政方针。把握好大政方针是新闻工作者政治素质的首要体现，新闻报道必须明确当下新闻宣传的主旨。

第二，把握好舆论导向。我们的广播电视宣传一定要有旗帜鲜明的舆论导向，专题节目通过人和事来反映某些侧面，点点滴滴就汇聚成了整个社会的面貌。

第三，把握好新闻敏感。做新闻报道一定要有新闻敏感，这是新闻工作者的基本素质，也是选取和编排一档新闻节目的依据。

第四，把握好感情基调。对感情基调的把握体现的是主持人对新闻的了解、对政策和导向的把握，因此，播音主持时用什么基调，在具体语句中用什么语气，是节目传播的关键。

第五，把握好导语串联。一档好的新闻节目，编排会起到非常重要的作用，让各种信息形成有机的整体，主持人的语言表达至关重要。

示例

《走进乡村看小康》片段
走进乡村看小康　振兴发展踏新程

甲：各位观众上午好，欢迎您收看中央广播电视总台大型直播特别节目《走进乡村看小康》。"民亦劳止，汔可小康"，小康一词最早源自《诗经》，在《礼记》等很多文献当中也有记载，反映了不同年代的人们对美好生活的向往。

乙：千年期盼，今朝梦圆。如今中华民族自古以来追求的理想社会状态已经在新时代成为现实，中华民族伟大复兴向前迈出新的一大步。

甲：民族要复兴，乡村必振兴。习近平总书记指出，全面实施乡村振兴战略的深度、广度、难度都不亚于脱贫攻坚。要完善政策体系、工作体系、制度体系，以更有力的举措、汇聚更强大的力量，加快农业农村现代化步伐，促进农业高质高效，乡村宜居宜业，农民富裕富足。

乙：小康大道阔步走，乡村振兴劲头足。在今天的特别节目里，我们将走进江苏苏州的迎湖村、内蒙古锡林郭勒盟的巴彦宝拉格嘎查、湖北恩施州的继昌村、浙江金华的北山口村、四川眉山的兰沟村、山西晋中小西沟村、安徽合肥的窑岗村、贵州黔西南州的洒金村、河北石家庄的时家庄村，去听听父老乡亲的小康故事，探寻增收致富的幸福密码，感受乡村振兴路上的活力中国。

甲：好，节目一开始，我们就首先通过一组景观镜头来欣赏一下秋收时绚丽多彩的丰收画卷。

（专题片）

龙脊梯田稻金黄　赏景丰收两不误

甲：我们现在看到的是位于广西龙胜各族自治县的大寨村，这里也是龙脊梯田的所在村之一。9月的龙脊梯田，层层叠叠的水稻铺满山坡。在梯田不远处，这些黛瓦木质小楼，就是村民的家。

近年来，村民以农田入股，在收获水稻的同时，还能获得种田补贴和股份分红；随着来龙脊梯田旅游的人越来越多，村民们还开起了农家乐和民宿，如今，村民人年均收入能够达到2万元。

多彩藜麦即将成熟　产业升级百姓致富

乙：接下来我们来到的是青海海西州乌兰县的西庄村，眼前这一片多彩的土地是特色粮食作物藜麦种植地，它们即将迎来收割期。近年来，当地大力发展藜麦产品深加工，附近村民通过种植藜麦和在企业务工，一年至少可以增加2万多元的收入。

种菇养鱼产业旺　传统渔村正蝶变

甲：跟随镜头，我们来到了江西上饶余干县的后山村，一朵朵盛开的菌菇，一片片忙碌的水产养殖基地，是后山村产业兴旺的生动写照。自长江流域禁捕退捕以来，搬上岸的后山村除了在村里养殖水产，同时大力发展菌菇种植产业，村民户均增收2000元以上。通过新农村建设，这个传统的小渔村现在蜕变成为宜居宜业宜游的美丽乡村。

万亩山楂喜丰收　枝头挂满"致富果"

乙：眼下，山东临沂费县东蒙镇的万亩山楂喜获丰收。漫山遍野的山楂树硕果累累，一派丰收景象。在山楂园深处有一片黄色的山楂果，是当地人培育的新品种，不仅个头大，而且口感清甜，受到市场青睐。近年来，当地积极引导种植户转变传统种植方式，依靠科技致富，引进了十多个山楂品种，山楂种植已成为东蒙镇的致富"金钥匙"。全镇1.5万亩山楂年产值12亿元，带动2.66万居民就业，人均年收入达1.6万余元。

悬崖峭壁挂蜂箱　燕山深处蜜飘香

甲：这里是北京密云冯家峪镇西口外村的崖壁蜂场，蜂农将中华蜂安置在悬崖峭壁上，既保持了蜜蜂的野性，又能防御天敌的侵害。西口外村位于密云水库的上游，为了保证"清水下山，净水入库"，当地全面退出家禽家畜养殖，转而发展绿色养蜂产业。中华蜂产的百花蜜，花香味浓郁，深受市场欢迎。通过大量的中华蜂授粉，又促进了当地植物的生长，实现了经济发展与生态保护的双赢。

（专题片）

甲：看过一组景观镜头，我们再进入今天的主题，民以食为天，对于我国这样一个人口众多的大国来说，解决好吃饭问题始终是治国理政的头等大事。

乙：党的十八大以来，我国粮食产能持续巩固，农业供给侧结构性改革不断深化，农业发展从增产导向转向提质导向，供给体系的质量、效益不断提升。

甲：接下来呢我们就先走进江苏和内蒙古的两个村子，它们的产业也都跟我们的餐桌有关。江苏苏州相城区的迎湖村紧临太湖，这几天村里的早稻陆续迎来了收获。而在内蒙古锡林郭勒盟阿巴嘎旗的巴彦宝拉格嘎查，壮硕的牛儿正在集中出栏。

乙：我们先请总台记者杨光带我们去江苏苏州迎湖村看看吧。

（《走进乡村看小康》2021年9月25日）

要点总结

第一，概括地说，电视新闻专题节目主持在具体操作过程中先后有这样几个必要环节：明确传播目的、充分了解资料、注意分寸把握、注重人文关怀。

第二，电视新闻专题节目主持需要从宏观上把握好五点：把握好大政方针、把握好舆论导向、把握好新闻敏感、把握好感情基调、把握好导语串联。

> **线下思考和练习**
>
> 1. 举例分析电视新闻专题节目主持与电视新闻消息播音、电视新闻评论播音在创作依据的文稿写作上有何异同？
> 2. 举例分析电视新闻专题节目主持与电视新闻消息播音、电视新闻评论播音在有声语言表达上有何异同？

电视新闻专题
节目主持
（课堂实践）

3.3 电视民生新闻节目主持

3.3.1 电视民生新闻节目主持相关界定

> **?** 请带着思考来学习如下内容:
>
> 什么是民生新闻?
> 什么是电视民生新闻节目主持?

电视民生新闻节目主持相关界定

● 民生新闻就是关注人民生计、关心市民生活的新闻,内容上锁定群众的生存状况、生存空间、生存环境,关注与百姓生活息息相关、对群众有影响的事件及信息。

"民生"一词最早出现在《左传·宣公十二年》,所谓"民生在勤,勤则不匮"。这里的"民",就是百姓的意思。

而《辞海》中"民生"的解释是"人民的生计",这是一个带有人本思想和人文关怀的词语,话语语境中显然渗透着一种大众情怀。

在现代社会中,民生和民主、民权相互倚重,而民生之本,也由原来的生产、生活资料,上升为生活形态、文化模式、市民精神等既有物质需求也有精神特征的整体样态。

人民开始关注自身的话语权,"民生"与大众传播媒介的结合就变得势在必行,于是,"民生新闻"这一概念出现了。

严格来说,我们认为,民生新闻算不上是一个有关新闻体裁样式的科学概念。传统新闻学领域对新闻体裁样式的划分遵循着单一的标准,而民生新闻是一个由多种标准共同作用的划分结果。

从题材对象上,它与时政新闻、经济新闻、科教新闻并列,而和社会新闻的关系却有些许不同,需要进一步厘定。《新闻学大辞典》对社会新闻的解释:反映社会生活中体现社会伦理道德的事件、社会风气、社会问题、风俗民情以及自然界和社会上的奇闻轶事的新闻。

民生新闻与社会新闻虽然都选用相似的题材,但摄取的却是不同层面的内容,传播效果也是完全不同的。两者的不同主要表现在价值取向上,社会新闻站在一种高位审视的立场；而民生新闻则以一种对普通老百姓感同身受和利益关切的姿态，体现民生的视野、民生的态度、民生的情怀，并且它可以最直接和广泛地实现媒体下情上达的功能，发挥媒体在树立社会公共道德和保障社会公共利益方面的积极作用。

● 电视民生新闻节目主持是主持人以关注民众生计、民众意愿、民众立场的价值取向，以民众视角、民众喜闻乐见的语言表达形式，对与民众生计、民众生存、民众日常生活、民众切身利益密切相关的新近事实动态进行客观理性报道的语言传播活动。

> **要点总结**
>
> 第一，民生新闻就是关注人民生计、关心市民生活的新闻，内容上锁定群众的生存状况、生存空间、生存环境，关注与百姓生活息息相关、对群众有影响的事件及信息。
>
> 第二，电视民生新闻节目主持是主持人以关注民众生计、民众意愿、民众立场的价值取向，以民众视角、民众喜闻乐见的语言表达形式，对与民众生计、民众生存、民众日常生活、民众切身利益密切相关的新近事实动态进行客观理性报道的语言传播活动。

线下思考和练习

1. 如何理解民生新闻中的"民生"二字？
2. 民生新闻和社会新闻之间有何关联和异同？

电视民生新闻节目主持概况

3.3.2 电视民生新闻节目主持概况

请带着思考来学习如下内容：

民生新闻有哪些优势？
它又有哪些缺憾？

● 我们先来讲讲民生新闻的出现及发展概况。

从20世纪90年代开始，各地的晚报、都市报等上的都市社会新闻、市井新闻作为民生新闻的雏形已经小有影响。而在电视荧屏上，1995年北京电视台的《点点工作室》（1998年改名为《元元说话》，1999年改名为《第七日》），基本具备了电视民生新闻的雏形。1997年北京电视台推出的《北京特快》与1999年成都电视台推出的《今晚8：00》等节目，也都呈现了典型的民生新闻特质。

2002年，江苏电视台城市频道推出了《南京零距离》，被认为是开创了大时段城市电视民生新闻节目的先河。之后，南京地区陆续开播了《直播南京》《绝对现场》《法治现场》《标点》《服务到家》《1860新闻眼》等民生新闻栏目，由此引发了本地区以大时段直播或"准直播"为外在特征，以关注本土化市民生活形态为主体内容的城市新闻"大战"。

● 再来讲讲民生新闻的特点与优势。

第一，关注民生、贴近百姓，平民色彩浓。民生新闻记录着百姓的生活状态、生活矛盾、情感困惑，具有贴近性和平民化色彩。

第二，服务特征明显。民生新闻的服务性体现在它为受众提供的有效信息上。民生新闻被称作"老百姓自己的新闻"，这其中蕴含着它服务民众的价值理念。

第三，报道领域较宽。民生新闻要在新闻中找到与百姓生活的相关点，即把新闻的视角从党和政府的工作转到百姓的生活中来，从老百姓的视角来分析、透视及思考。

第四，区域特性明显。民生新闻通过对区域性资源的充分开掘与利用，激发区域性受众的价值认同。

● 下面再来谈谈民生新闻的缺憾。

从本质上说，民生新闻以区域为语境和视角，以民生为题材，以人民为中心，是最容易符合受众口味的。与此同时，民生新闻不能只停留于琐碎和表面，走进误区，比如在选题把握上，不能总是以家长里短的琐事取悦受众，而全然不顾社会发展的重大问题。民生新闻应该从社会发展的主流问题中找到与百姓生活的相关点，形成有主流新闻意识的民生新闻。

民生新闻的缺憾主要体现在如下几点：

第一，盲目追求高收视率导致节目低俗化。

第二，盲目跟风导致节目同质化。

第三，角色错乱导致媒体公信力缺失。

这些问题应引起业界的重视。

> **🔍 要点总结**
>
> 第一，民生新闻的特点与优势包括：关注民生、贴近百姓，平民色彩浓，服务特征明显，报道领域较宽，区域特性明显等。
>
> 第二，民生新闻的缺憾有：盲目追求高收视率导致节目低俗化，盲目跟风导致节目同质化，角色错乱导致媒体公信力缺失。

> **📖 线下思考和练习**
>
> 1. 分析一档自己比较熟悉的电视民生新闻节目。
> 2. 电视民生新闻节目与电视新闻杂志型节目有何异同？

电视民生新闻节目主持整体把握

3.3.3 电视民生新闻节目主持整体把握

> **❓ 请带着思考来学习如下内容：**
>
> 电视民生新闻节目主持应该如何从整体上进行把握？

● 首先，在节目形态方面，电视民生新闻节目应该在价值取向上具有民众接近性，也就是说无论内容还是形式都应该浅显易懂，能够让大多数受众看得懂并且能够产生共鸣。基于这样的考虑，电视民生新闻节目的节目形态应该是灵活多样的，并且经常能够和受众交流沟通。

● 其次，在语言表达方面，电视民生新闻节目的语言表达应该具有亲和力。这种亲和力不是表现为肤浅的语气亲切、面带微笑，而是表现为主持人对广大民众的一种关注和思考。虽然主持人并不是政府官员，但是心中如果装着老百姓的衣食起居，关注和感受着人间冷暖，那么就会在语言表达中体现出亲和力。

● 再次，在个性发挥方面，节目主持人应该具有鲜明的个性，电视民生新闻节目主持人更应该具有自己鲜明的个性特点。这种特点不是标新立异、哗众取宠，而是在长时间的节目当中表现出来的相对稳定的个性魅力和个性化表达样式。

● 最后，在明确作用方面，电视节目主持人始终不能忘记：我们是媒体工作者，我们是党和政府以及人民的耳鼻喉舌。电视民生新闻节目主持人更应该很好地起到"上情下达、下情上传"的媒介作用，要在一个公平、公正的平台上对百姓的社会生活起到舆论监督作用。所以电视民生新闻节目主持人在节目中应该把握好舆论宣传的导向,真正做到倾听百姓心声、关注百姓生活。

示例

《新闻1+1》片段

晚上好,欢迎收看正在直播的《新闻1+1》,今天我们的节目从一张照片开始说起。这张照片拍摄的是连云港市海鲜蔬菜直销市场,从照片上可以看到,在密密麻麻的商户的脑袋顶上有一个横幅,横幅上写着非常大的几个字:文明诚信经营 短斤少两可耻。我想这句话对于所有的商户来说,是一个经营的底线,而对于所有进入这个市场的消费者来说,是让他们放心的一个保证。但是就在这个市场上,这两天发生了一个"鬼秤"事件,让人们再一次去关注和讨论一个问题,就是市场的管理者到底应当扮演一个什么样的角色?如何建设一个让老百姓能够花钱花得放心的市场?今天我们的节目就从这个市场的一些情况说起。

(正片)

这是一个再普通不过的菜市场,从它的名字就可以看出来,叫"连云港市海鲜蔬菜直销市场",而且这个菜市场是老百姓过日子一天都不能少的。我们再来看一下这个菜市场最基本的情况:它经营的就是蔬菜海鲜等农贸产品,还有日用小商品,有商户83户,市场工作人员11名。刚才短片里面也介绍了,这个打假的人在三个商户买了东西,其他两户都好好的,只有一户出了问题,所以现在网民的意思是不能因为一个商户出了问题,就迁怒其他商户,但这也不影响我们今天关注的"鬼秤"的问题,以及分析它背后到底存在一些什么问题和现象。接下来我们就来连线江苏连云港市海州区市场监督管理局的陈贤斌局长。

(连线采访江苏连云港市海州区市场监督管理局局长陈贤斌、中国人民大学公共管理学院教授马亮)

今天我们关注的这个缺斤少两,它看上去是一件小事,但是它背后所引发的一些想法,甚至引发的影响是大的。因为就像刚才马教授说的,它可能影响市场环境,甚至可能影响这个城市形象,所以当想到这些的时候,这个"鬼秤"的问题,缺斤少两的问题,恐怕要去解决了。

好,感谢您收看今天的节目,再见!

(《新闻1+1》2024年5月20日)

> **要点总结**
>
> 电视民生新闻节目主持可以从节目形态、语言表达、个性发挥、明确作用等方面进行整体把握。

电视民生新闻
节目主持
（课堂实践）

线下思考和练习

1. 分析一位广受好评的电视民生新闻节目主持人的特点。

2. 根据当下新闻媒体和受众关注的热点，自己策划并主持一个电视民生新闻节目的片段。

3.4 电视新闻读报节目主持

3.4.1 电视新闻读报节目主持相关界定、概况

电视新闻读报节目主持相关界定、概况

? 请带着思考来学习如下内容：
什么是电视新闻读报节目？

● 下面我们就讲一下电视新闻读报节目的定义。

电视新闻读报节目是为满足受众以多种方式获取信息的需求而出现的。从凤凰卫视的《有报天天读》到中央电视台新闻频道《朝闻天下》的《媒体广场》、经济频道《第一时间》的《马斌读报》，再到江苏电视台城市频道的《孟非读报》、东方卫视《看东方》的《早报早知道》《读家新闻》、湖南经视综合频道的《T2 区》……这种原本属于平面媒体的传播方式成为电视媒体的传播方式，受众也对这种重新演绎的"读报"方式兴趣浓厚。

原本狭义的读报是指读者自己阅读平面媒体上刊载的新闻信息，读者可以根据自己的喜好确定阅读内容和顺序，且只能阅读有限的几份报刊。而新闻读报节目中的"读报"，则是由新闻节目主持人以读报的方式，将新闻信息有选择地呈现给电视观众，将更多平面媒体的新闻信息汇总，尤其是不同媒体对同一新闻事件的各种报道和评论。

● 接下来再来讲讲电视新闻读报节目的概况。

国内新闻读报节目，可追溯到中央人民广播电台的《新闻和报纸摘要》。早在 1950 年 4 月 10 日，中央人民广播电台开办了《首都报纸摘要》节目，后来演变成了《新闻和报纸摘要》节目，这也可视为广播电视新闻读报节目形态的雏形。

之后真正让新闻读报节目成为电视观众喜闻乐见的一种新闻节目形式的是 2003 年 1 月 6 日凤凰卫视开播的《有报天天读》，主要解读全球范围内的重要报刊头条新闻以及社论和评论。这一档由杨锦麟主持的读报节目一经推出便广受好评。

中央电视台新闻频道在 2003 年 7 月 1 日推出的《媒体广场》，以各地的都市报、晚报为主要摘取对象，内容选取贴近百姓、贴近生活，播报形式轻松、自然。后来，中央电视台经济频道的《第一时间》也在同年 10 月 20 日推出了《马斌读报》节目。

在地方媒体中，江苏电视台城市频道的名牌栏目《南京零距离》推出了《孟非读报》，主要是对南京以及全国主流报刊登载的热点新闻进行圈点，成为《南京零距离》的一大收视热点；湖南经视综合频道推出的《T2 区》，也以其另类的读报模式创造了地方电视媒体的新看点。此外，插播在各地各栏目间的读报版块，更是不胜枚举，比如北京电视台的《现在读报》、东方卫视《看东方》的《早报早知道》和《读家新闻》等，均是栏目收视率较高的版块。

> **要点总结**
>
> 新闻读报节目中的"读报"，是由新闻节目主持人以读报的方式，将新闻信息有选择地呈现给电视观众。

> **线下思考和练习**
>
> 1. 电视新闻媒体为何选用平面媒体的报道作为内容？
> 2. 电视新闻读报节目只是摘编播读报刊文字内容吗？

电视新闻读报节目主持整体把握

3.4.2 电视新闻读报节目主持整体把握

> **请带着思考来学习如下内容：**
>
> 电视新闻读报节目的主持如何整体把握？

● 整体把握电视新闻读报节目主持要注意如下几点：

第一，整合新闻资讯。

电视新闻读报节目往往信息量极大，要让观众在短时间内迅速了解国内外重要新闻信息。

第二，力求通俗易懂。

考虑到各个层次的电视观众，电视新闻读报节目主持人应该把书面语转化为生动形象的口语，增强对象感和交流感。

第三，巧妙串联编排。

电视新闻读报节目不仅有深刻严肃的评论分析，也有轻松幽默的社会逸闻，软硬新闻兼备，图片、文字、评论和调侃穿插。还可以与观众实时交流，增加节目的互动性，和生动性。

第四，语言个性鲜明。

主持人的语言表达应该具有鲜明个性。有人戏称"老杨读报，吓我一跳，国语不准，英文走调"，但杨锦麟凭借新闻采编资深经验，让新闻点评犀利、独到。主持人孟非，常用南京方言形象生动地对新闻进行评论，有鲜明的地域特色。

电视新闻读报节目主持人要练内功，"怎么说"表现出其语言功力。读报节目主持人的素养体现在价值判断，看问题要一针见血，给人以力量和启发。

● 另外，电视新闻读报节目也有如下一些问题：

一是信息丰富，广而不深。受众能"概览"天下大事，却无法深入了解某一事件。《有报天天读》要在25分钟内摘编四五十条新闻，《马斌读报》也要在15分钟的时间内完成一二十条新闻的播报，不可能深入细致地分析每一则消息，无法给受众足够的"背景"和"细节"。

二是摘编过多，信息雷同。节目定位决定了它只能筛选、过滤报刊上的信息。电视读报是对报刊信息的二次整合，存在着信息变异、失真甚至误读的可能。

三是人云亦云，形式单调。大多数电视新闻读报节目在编排上都是"报纸版面+解说"，难免给受众以单调乏味之感。

四是主观性强，易生误导。电视读报是对报刊信息的二次传播，主持人主观色彩浓厚的解读和再次演绎，难免煽情甚至夸大事实，歪曲原意。

电视新闻读报节目应该注意评论的"度"，使之恰到好处。这里的"度"是指读报时一是不要轻率地点评；二是即使点评也要恰当、有根据，不要不着边际、过多地引申。评论应当是从新闻事实中得出的，要忠实于报刊原意，不能随意添油加醋，更不能歪曲原意。主持人本身也要有深厚的知识积累、不同凡响的洞察力和良好的职业道德。

示例

《第一时间·读报》片段

家事国事天下事，事事关心。今天是周六，我们来看看一周杂志上都有什么新鲜的内容。一碗牛肉面，千万生意经，首先要跟大家说的还是这个生意上的智慧。我们知道咖啡是世界三大饮料之一，（人们）每天喝掉的咖啡可不是一个小数目。一般呢，这个咖啡渣都被当作垃圾给处理掉了，而英国的杰里米·可奈特就发现，这个里面另有商机。《中国企业家》杂志说，把咖啡渣当作垃圾处理掉太浪费，实际上，咖啡渣是一种优质的肥料，蕴含丰富的氮元素，而把咖啡渣产品加入熔炉当中，跟木质碎料混合干燥之后制成药丸的形状，在干燥的过程当中再加入灰末，降低它的酸性，还能驱虫。杰里米·可奈特以前是卖咖啡的，后来他成立了一个叫作绿色杯子的公司，专门研发这种咖啡渣产品。现在绿色杯子的咖啡渣供应商超过了20家，每年回收大约100吨咖啡渣。咖啡渣都能回收利用，不知道这个茶叶末还有没有被利用的价值，毕竟咱们中国人更喜欢喝茶。

好了，刚才说的是赚钱，可别光想着赚钱，怎么存钱其实也是一门学问。这一期的《商界时尚》给我们介绍了存子女教育金必知的十件事。我给您挑两件最关心的，第一件就是：多早开始存合适呢？子女的教育投资规划，因为缺乏时间的弹性，而且学费也相对固定，所以务必提早准备。理财专家建议，子女教育金的储备应当从孩子一出生就开始，同样数额的教育金，越早准备越轻松。第二件事，存多少才足够呢？从私立幼儿园到大学留洋，再加上各个阶段所需要的，像什么才艺（学习）费、补习费，初步这么估计，至少需要100万才够。可如果从小就上公立幼儿园，一路念到大学，这个教育费用就会减半甚至更少，但至少也需要40万元。100万和40万相差了60万，如果想把孩子送到国外去读研究生的话，至少您再多加上60万，难怪说越早准备越省心啊。

好了，说完了子女的教育问题，再来看几栋房子。

（《第一时间》2011年3月5日）

> 要点总结
>
> 电视新闻读报节目主持的整体把握要注意如下四点：整合新闻资讯、力求通俗易懂、巧妙串联编排、语言个性鲜明。

线下思考和练习

1. 电视新闻读报节目如何将报刊的内容与电视新闻的节目形式结合在一起？

2. 根据当下媒体与受众关注的焦点，整合编排并主持一期电视新闻读报节目。

3.5 电视新闻访谈节目主持

3.5.1 电视新闻访谈节目主持相关界定、特点、类型

> **?** 请带着思考来学习如下内容：
> 什么是电视新闻访谈节目？
> 电视新闻访谈节目有什么特点？
> 电视新闻访谈节目有哪些类型？

电视新闻访谈节目主持相关界定、特点、类型

● 我们先来讲解什么是电视新闻访谈。

电视新闻访谈是电视记者、播音员、主持人对新闻事件当事人或相关人士就新闻事件或新闻观点进行采访。有的节目完全由电视新闻访谈构成，被称为电视新闻访谈节目。有的节目中穿插电视新闻访谈，对画面内容做深入的解释或补充，以弥补画面的不足。

电视新闻访谈可以通过当事人之口，真实地介绍事件过程，表达认识和看法。它省却了四处奔波拍摄实景的过程，可以借助语言快速获得信息。由于语言出自当事人之口，具有可信性，它成为来不及拍摄现场画面、事件发生后无法再获得电视画面以及涉及思想认识和看法等不便于画面表现时，较为真实地传递信息的常见方式。电视新闻访谈几乎在各类电视节目中都有用武之地。

● 下面我们来讲讲电视新闻访谈节目的特点。

第一，采访过程公开。

电视新闻访谈中采访者与被采访者的相貌、采访地点、谈话过程都显露在屏幕上，让观众听得清、看得明。具有声音和图像的电视新闻访谈最公开透明。

第二，表达手段丰富。

电视新闻访谈不仅能让观众知道被采访者说什么，听到他们的声音，还能让观众看到他们的真实形象、动作、表情。表情、动作等具有传情达意的

作用，能补充语言的不足，加强语言的感染力。

第三，需要团队合作。

电视新闻访谈无论是在现场，还是在演播室，都不是一个人能够完成的，通常需要一个多人采访组，大家各有分工，相互配合。

第四，整体要求严格。

采访者应让观众感到得体、可信，有亲和力，语言自然大方，具有新闻素质和广博的知识。有的被采访者可以接受报刊或广播媒体的采访，却不适宜在屏幕上出现，比如形象令人不适者，或因职业、身份不宜曝光的特殊工作人员和受保护人士，还有对镜头和演播设备不适应者等不适合成为电视新闻访谈的被采访者。

● 下面再来说说电视新闻访谈的类型。

电视新闻访谈种类繁多，我们可以从不同角度对其进行分类：一是根据访谈地点划分，主要有现场采访和演播室访谈；二是按采访目的划分，主要有人物访谈、事件访谈和观点访谈；三是依据被采访者的数量划分，主要有单人访谈、多人座谈；四是根据节目制作过程划分，主要有直播访谈和录播访谈。

🔍 要点总结

第一，电视新闻访谈是电视记者、播音员、主持人对新闻事件当事人或相关人士就新闻事件或新闻观点进行采访。有的节目完全由电视新闻访谈构成，被称为电视新闻访谈节目。有的节目中穿插电视新闻访谈，对画面内容做深入的解释或补充，以弥补画面的不足。

第二，电视新闻访谈节目的特点：采访过程公开、表达手段丰富、需要团队合作、整体要求严格。

第三，电视新闻访谈根据访谈地点划分，主要有现场采访和演播室访谈；按采访目的划分，主要有人物访谈、事件访谈和观点访谈；依据被采访者的数量划分，主要有单人访谈、多人座谈；根据节目制作过程划分，主要有直播访谈和录播访谈。

线下思考和练习

1. 分析阐释电视新闻采访与电视新闻访谈之间的关联。
2. 分析对比几档内容和形式不同的电视新闻访谈节目。

3.5.2 电视新闻访谈节目主持选择话题和基本步骤

电视新闻访谈节目主持选择话题和基本步骤

? 请带着思考来学习如下内容：

电视新闻访谈节目如何选择话题？
电视新闻访谈节目主持的基本步骤有哪些？

● 我们先来讲讲电视新闻访谈节目如何选择话题。

选择话题是至关重要的。

第一，要选择大众关心、希望深入了解的话题。电视新闻访谈节目的话题确定应该和某一时段的舆论宣传导向相结合，起到良好的宣传作用。

第二，可以选择有新意的旧话题。选择旧话题并非不可，但是旧话题一定要能够访谈出新意，挖掘出新的新闻点。

第三，话题应当具体，不要选择空泛的话题。话题越具体越好，那些抽象空洞的说教只能让受众感到乏味。

第四，根据节目定位和时间安排确定话题。电视新闻访谈节目都有目标受众群体，也都有时间限制，这就要求节目必须有定位，包括内容的定位、形式的定位。

● 下面来讲讲电视新闻访谈节目主持的基本步骤。

第一，明确节目策划和访谈目的。在节目制作前确定好访谈目的以及具体流程安排。

第二，研究和访谈相关的背景材料。充分地掌握相关资料和背景材料，这是访谈深入的重要前提。

第三，预约相关访谈对象和当事人。出于礼貌应事先联络访谈对象。

第四，根据文案拟订访谈计划。必须有明确的计划，有时还需要准备多个方案。

第五，按既定时间和计划开始访谈并恰当切入话题。

第六，预热后开始正式访谈。节目正式开始时最好开门见山地进入话题。

第七，和访谈对象建立平等融洽的关系。这样能够消除嘉宾的紧张感，有助于嘉宾畅所欲言。

第八，适时提出尖锐敏感的问题。主持人应注意拿捏好分寸。

第九，恢复融洽的访谈关系。主持人可以对节目特殊设计进行说明，以免产生误会。

第十，结束访谈。主持人感谢嘉宾和现场观众，同时也感谢电视机前观众的收看。

> **要点总结**
>
> 第一，选择话题是至关重要的，要选择大众关心、希望深入了解的话题；可以选择有新意的旧话题；话题应当具体，不要选择空泛的话题；根据节目定位和时间安排确定话题。
>
> 第二，电视新闻访谈节目主持的基本步骤：明确节目策划和访谈目的、研究和访谈相关的背景材料、预约相关访谈对象和当事人、根据文案拟订采访计划、按既定时间和计划开始访谈并恰当切入话题、预热后开始正式访谈、和访谈对象建立平等融洽的关系、适时提出尖锐敏感的问题、恢复融洽的访谈关系、结束访谈。

> **线下思考和练习**
>
> 1. 结合当下热点，策划并撰写一档电视新闻访谈节目的文案。
> 2. 观摩几档广受好评的电视新闻访谈节目，分析主持人的提问方式。

电视新闻访谈节目主持基本要求、注意事项、细节处理

3.5.3 电视新闻访谈节目主持基本要求、注意事项、细节处理

> **请带着思考来学习如下内容：**
>
> 电视新闻访谈节目应满足那些基本要求？
> 电视新闻访谈节目主持人应该注意哪些事项？
> 电视新闻访谈节目主持人应着重哪些细节处理？

● 我们先来讲讲电视新闻访谈节目应该满足哪些基本要求。

优秀的电视新闻访谈节目应当满足以下几点要求：

第一，访谈应满足节目的既定要求，达到预期效果。确定访谈涉及的话题是节目目标受众所感兴趣的。

第二，满足节目本身和演播的要求。如时间限制，开头和结尾得体，访谈过程顺畅，访谈内容饱满等。

第三，设法从访谈对象那里获得独到见解。但要注意访谈对象的独到见解是否客观，要注意正确的舆论导向。

满足以上要求，需要主持人具有高超的访谈技巧和现场控制能力。想获得经验和能力，除了专业技能的积累和实践以外，还需要学习和了解人际交往的有关知识。

● 下面我们来讲讲电视新闻访谈节目主持人应该注意哪些事项。

第一，主持人要配合访谈环境采用合适的语言和表达。

第二，主持人应该充分调动和引导访谈对象。

第三，主持人需要倾听以获得完整的回答。

第四，主持人适当引导，让回答集中于主题。

第五，主持人运用各种技巧让不善表达者开口。

第六，主持人在访谈过程中保持不卑不亢、客观公正。

● 最后我们来讲讲电视新闻访谈节目主持人应注重哪些细节处理。

第一，明确主宾关系。要把控好节目的进程，不能被访谈对象带着跑。

第二，注意言谈举止。避免生活中的一些不良动作和习惯。

第三，学会用心倾听。既出于礼貌，有时也能发现新的线索，深入话题。

第四，关照现场观众。尊重现场观众的想法和观点，让访谈尽量客观、全面。

> **要点总结**
>
> 第一，优秀的电视新闻访谈节目应当满足以下几点：访谈应满足节目的既定要求，达到预期效果；满足节目本身和演播的要求；设法从访谈对象那里获得独到见解。
>
> 第二，电视新闻访谈节目主持人的注意事项：主持人要配合访谈环境采用合适的语言和表达；主持人应该充分调动和引导访谈对象；主持人需要倾听以获得完整的回答；主持人适当引导，让回答集中于主题；主持人运用各种技巧让不善表达者开口；主持人在访谈过程中保持不卑不亢、客观公正。
>
> 第三，电视新闻访谈节目主持人应注重如下一些细节处理：明确主宾关系、注意言谈举止、学会用心倾听、关照现场观众。

电视新闻访谈
节目主持
（课堂实践）

> 📝 **线下思考和练习**
>
> 1. 观摩一档电视新闻访谈节目，思考如果是自己主持应如何处理每一个细节。
> 2. 根据之前自己策划撰写的节目文案进行电视新闻访谈节目主持的练习。

3.6 电视新闻评论节目主持

3.6.1 电视新闻评论节目主持相关界定，评论串联

电视新闻评论节目主持相关界定，评论串联

? 请带着思考来学习如下内容：
什么是电视新闻评论主持？

● 电视新闻评论主持是指主持人通过恰切的语言并辅以多样化的电视手段对新闻评论节目进程进行把握，既包括消息类新闻节目当中起到串联作用的三言两语的点评，也包括其他新闻节目形态中具有评论性质的言论。

● 我们先来讲电视新闻评论主持的第一种形式：主持人在消息类新闻节目中的评论串联。

在一档消息类新闻节目中，或者一组相关联的新闻消息报道中，主持人需要通过两三句简短的过渡性语言将几条消息串联起来，起到组合和结构新闻节目内部或者新闻消息之间关系的作用。这简短的、三言两语式的衔接、过渡的串联性语言，往往具有评论的特点，甚至直接采取评论的方式。

示例 1

《特别关注》片段

男：特别时间，特别事件！
女：特别视点，特别关注！
大家好，您正在收看的是北京卫视与北京电视台新闻频道同步直播的《特别关注》。
男：我们的节目会报道很多锦上添花的、生活当中的亮点，而在咱们的生活当中，方方面面的雪中送炭、及时雨，则更是我们要特别关注的。
女：所以今天的头条，我们首先特别关注将于9月1日起正式施行的

《北京市城市特困人员供养办法》。

男：这个即将在几天之后施行的法律法规规定，政府将会负担解决特困人员的居住、养老、看病、上学等问题。其中就要求，北京市城市特困人员供养的最低标准是各区县上年度城镇居民人均消费性支出。

女：按照这一要求啊，特困人员享受到的政府补助至少是1500元。

（城市三无人员吃住看病政府全管，每月还有零用钱）

这里是正在直播的《特别关注》，欢迎您继续收看。

这两天，第21届北京国际图书博览会正在北京新国展开展。在数字时代，图书出版受到了一定的冲击，那么图书出版需要如何来面对这种冲击？有什么新招？纸质图书是否会被电子书所取代？带着这一系列的疑问，我们记者探访图博会。

（图博会：数字时代的冲击）

我特别赞同前面一位叔叔说的，不读书就out了。的确是，不管是纸质图书还是电子图书，读书的习惯不能丢。爱读书，读好书！

好了，我们再来关注楼市。现在房贷利率有几折呢？我们记者调查发现，首套房9折利率重现市场，搭售理财产品已成潜规则。

（首套房9折利率重现市场，搭售理财产品成潜规则）

（《特别关注》2014年8月28日）

示例2

《24小时·新闻棱镜》（片段）

男：《新闻棱镜》，透过棱镜看新闻。现在很多网上直播间售卖所谓的尾货孤品衣服，宣称消费者花很少的钱就可以淘来尾货孤品，穿出去不撞衫不重样。

女：但是，消费者在买到手之后，却发现这些衣服的污渍明显气味儿难闻，而且，有的衣兜儿里甚至还有零钱、瓜子壳等杂物。那么，这究竟是怎么回事儿呢？这些所谓的尾货孤品到底又是什么来路？我们来看一下记者的调查报道。

（正片）

分拣旧衣服，然后包装成新衣服出售，利润丰厚。有一些专门从事旧衣服回收的公司干脆自己直接开启了直播间。

（正片）

尾货就是尾货，旧货就是旧货，这种把二手旧衣当成尾货孤品来卖的行为，严重侵犯了消费者的权益，电商平台与相关主管部门应当尽快进行查处。

(《24小时》2024年5月21日)

> **要点总结**
>
> 电视新闻评论主持是指主持人通过恰切的语言并辅以多样化的电视手段对新闻评论节目进程进行把握，既包括消息类新闻节目当中起到串联作用的三言两语的点评，也包括其他新闻节目形态中具有评论性质的言论。

线下思考和练习

1. 请阐释电视新闻评论播音和电视新闻评论主持的区别。
2. 试分辨电视新闻评论播音和电视新闻评论主持的语言特点及异同。

3.6.2 电视新闻评论节目主持人的评论

请带着思考来学习如下内容：
什么是电视新闻评论节目主持人的评论？

电视新闻评论节目主持人的评论

● 接下来我们就来讲讲电视新闻评论主持的第二种形式：新闻评论节目主持人的评论。

在电视新闻评论节目中，尤其是在时间较长的新闻版块栏目中，主持人对某一新闻信息进行的评论，是针对客观真实的新闻信息所做的相对个性化的评论。主持人以个人身份出现，代表群体意识和主流观点，直接阐明态度并引导舆论。

示例

《新闻周刊·视点》（片段）

本周，当很多媒体继续关注明星吸毒时，他们当中又有人从看守所出来，马上召开道歉会。道歉固然应该，但你也知道，这是成熟娱乐圈儿必须进行的危机公关程序。不过这个时候，一个数字如果同步公开，您是否还会以娱乐之心看待明星吸毒与例行的道歉？媒体报道，根据中国公安部禁毒局公布的数据，截至今年4月底，全国登记在册吸毒人员258万人，其中35岁以下的青少年占登记在册吸毒人员的75%，3/4，这是中国吸毒者当中最大的群体。这个时候您是否觉得道歉这个词听着已经有些刺耳？而在青年人吸食的毒品中，合成毒品比如冰毒占的比例也相当大，相当多的人对此不以为"毒"，反以为玩儿和时尚，这是一种什么样的危机？《新闻周刊》本周视点关注年轻的吸毒者。

（正片采访报道）

时代早已进入一个偶像消费时代，"拼爹""拼钱"被人唾弃，而"拼脸"却正成为标准的时尚。长得帅或者好看，犯了错甚至吸了毒，都容易引人爱怜并被快速宽恕；而脸不太过得去，人们的正义感又迅速恢复，对吸毒者一片谴责之声。脸，尤其帅的脸，难道是一部新的国际公认的法律？长得好就判得轻或不判，长得不好就判重点甚至加刑？这种说法很可笑，但并非虚构。比如某帅气明星吸毒，粉丝留言：能戒毒最好，戒不了咱们粉丝帮他戒，实在不行我们供他吸。您这是害他还是爱他啊？更重要的是，在所谓"爱偶像"的时候，是不是也在悄悄地害自己？公众人物的责任和义务是什么？

（正片采访报道）

吸毒这种行为在法律上好界定，可吸的这个"毒"，却越来越千差万别，也因此容易让人产生错觉。海洛因大家都认为它是毒品，可大麻、冰毒不是吗？于是，近一段时间你会发现，有相当多的人跳出来说，（吸食）大麻应当在中国合法化，因为它比烟和酒危害都小，在很多国家都合法化了。听着似乎有说服力，可仔细一研究，除去荷兰等极个别国家，（吸食）大麻都不合法，美国除去个别州，也都行不通。看样子，在这个问题上，想提前"国际领先"不太靠谱；而冰毒，在一些人眼里不是毒，成了时尚标志。其实，从某种角度说，一些毒品的时尚化，比个别人吸毒还令人担心或恐惧，我们应该拒绝。

（《新闻周刊》2014年8月30日）

> 🔍 **要点总结**
>
> 在电视新闻评论节目中，尤其是在时间较长的新闻版块栏目中，主持人对某一新闻信息进行的评论，是针对客观真实的新闻信息所做的相对个性化的评论。

> **线下思考和练习**
>
> 1. 电视新闻评论节目主持人的评论和社论、评论员文章、编后话有何异同？
> 2. 结合当前的新闻热点，撰写一段主持人评论并做出镜练习。

3.6.3 电视新闻评论节目主持人漫画评论

？请带着思考来学习如下内容：
什么是漫画评论？

电视新闻评论节目主持人漫画评论

● 我们先来分辨一下电视新闻评论节目中新闻漫画和新闻照片评论。

新闻漫画和新闻照片评论原本属于平面期刊的评论形式，现在越来越多的电视新闻媒体结合电视"声画合一"的特性，赋予新闻漫画和新闻照片评论新的生机。

新闻漫画和新闻照片评论统称为图片评述，是指没有过多文字素材和说明，评述者依据表现社会问题的漫画或者照片，洞察图片信息并找到话题切入点进行口头评述。图片评述的依据多为新闻图片。广义的新闻图片主要包括新闻照片、新闻漫画、新闻图表，而狭义的新闻图片则仅指新闻照片。

● 下面说说漫画评论。

漫画是用简单而夸张的手法来描绘生活百态或时事热点的图画。漫画一般运用变形、比拟、象征、暗示、影射等方法，构成幽默诙谐的画面，以取得讽刺或歌颂的效果。当然也有纯为娱乐的作品，这不属于本章节范畴，不再赘述。

漫画评论的素材多是以现实社会现象和社会问题为核心的新闻漫画，它运用夸张、幽默的绘画形象和构图语言，报道或评议国内外新近发生的热点时事、社会问题。此类评述一般先从对漫画内容的描述和解读开始，进而对漫画所揭露和讽刺的现象加以评述，在相对轻松幽默的解读中进行深入剖析和舆论引导。

示例

迷宫

(图片来源:中国日报网)

【评述】

在漫画中,我们可以看见一位老人正面对着张贴在墙上的二维码一筹莫展,日常生活中随处可见的二维码对于老人来说却宛如一座巨大的迷宫,令其难以找到出口。

在如今这个数字化时代,衣食住行几乎都可以通过一部智能手机来解决。除了手机,其他智能产品和服务也越来越多地走进了我们的生活。对于年轻人来说,这是节省时间、节省精力、简便易行的事儿。但同时我们也不能忽视这样一种现象,还有不少老年人不会上网、不会使用智能手机,在出行、就医、消费等日常生活中遇到不便,面临着"数字鸿沟"。根据中国互联网络信息中心2022年2月发布的第49次《中国互联网络发展状况统计报告》,截至2021年年底,我国网民规模达10.32亿。网民中,60岁以上的老年人只占11.3%。而在这些老年人中,只有30%能独立完成出示健康码、行程卡的活动,23%能在网上购买生活用品,20%能在网上查找信息。也就是说五位老年人当中,只有一位能够相对熟练地使用手机完成上述操作。如何让老年人充分享受智能化服务带来的便利,让老年人更好共享信息化发展成果?2020年11月24日,国务院办公厅印发了《关于切实解决老年人运用智能技术困难的实施方案》,聚焦老年人日常生活涉及的出行、就医、消费、文娱、办事等七类高频事项和服务场景,回应了许多社会关切。

在服务意识上做"加法"、在应用操作上做"减法",只有弥合老年人与数字社会的隔膜,解决两者的"适配"问题,才能让更多的老年人更好地融入数字时代。

(改编自《焦点访谈:老有所适享便利》2022年3月28日)

> **要点总结**
>
> 漫画评论的素材多是以现实社会现象和社会问题为核心的新闻漫画,它运用夸张、幽默的绘画形象和构图语言,报道或评议国内外新近发生的热点时事、社会问题。此类评述一般先从对漫画内容的描述和解读开始,进而对漫画所揭露和讽刺的现象加以评述,在相对轻松幽默的解读中进行深入剖析和舆论引导。

> **线下思考和练习**
>
> 1. 对新闻漫画进行评论与直接对新闻漫画所反映的热点新闻进行评论有何不同?
> 2. 在新闻漫画评论中,对漫画的解读和对漫画的评论哪个才是重点?

练习 1

聚精会神

(漫画作者:鲁楠)

【评述提示】

1. 叙述背景。近日,《嘉兴市文明行为促进条例》获浙江省人大常委会批准。条例规定：行人通过路口或者横穿道路时浏览手持电子设备或者嬉闹的，处警告或者五元以上五十元以下罚款。这一规定再次引发了各方的争议，支持者认为对"低头族"立法很有必要；而反对者则认为，针对"低头族"的执法将面临困境。

2. 调查分析。智能手机的普及逐渐催生了一个新群体——"低头族"，且它有越来越壮大的趋势。对于"低头族"来说，手机成了日常生活中须臾不可分离的一部分。然而不分场合地过度玩手机，不利于个人身心健康，有时还存在安全隐患，尤其是过马路玩手机，因注意力完全在手机上，无视交通信号灯和过往车辆，交通安全隐患极大。近年来，因行人过马路看手机造成交通事故的案例并不鲜见，不少人甚至为此付出了生命的代价，教训可谓惨痛。

各地的文明促进条例之所以容易引发争议，根本原因在于道德与法律之间的落差。法律是底线的道德，道德则是人们内心的法律。对于不道德行为可以进行舆论谴责，而对于违法行为就必须进行刚性的执法。文明促进条例意在以法律的强制力倒逼社会道德文明的提升，也就是说，不文明行为将不再仅是道德问题，还将成为法律问题。

3. 概括总结。坚持以德治国和依法治国相结合，是中国特色社会主义法治必须坚持的基本原则。各地出台的文明促进条例正是法律和道德相辅相成、法治与德治相得益彰法治精神的体现。虽然禁止过马路时玩手机在执法中会遇到各种各样的困难和麻烦，但法律的权威和人们对法治的信仰终究会成为执法最有力的保障。

（改编自《法制日报》秦平《立法禁止低头族 为何再起争议？》2019年10月9日和《新京报》井彩霞《超八成受访者称：立法处罚过马路低头玩手机有必要》2019年10月12日）

练习2

现金收付

【评述提示】

1. 叙述背景。在人们的认知里，商业银行就应该提供现金存取服务。然而，有两家民营银行近日宣布将停办现金业务。中关村银行发布公告称，经向有关部门报备，将于2022年4月1日起停办现金收付业务，停办渠道包括营业网点柜面和ATM机自助渠道。此前，辽宁振兴银行也发布了2022年3月

1日起停办柜面和ATM现金业务的公告。

(漫画作者：曹一)

这两家银行的决定，既颠覆了人们对于商业银行的认知，也让人担忧其他银行会不会跟进效仿。当下，受移动支付、数字货币等新业务冲击，银行现金存取业务严重缩水。近年来，越来越多的银行网点被撤销，未撤销的银行网点也减少了ATM机数量和服务窗口。

2. 调查分析。人民币现金是国家法定货币。现金服务是最基础、最根本的金融服务，现金投放收储是银行业金融机构最基本的业务，在满足人民群众生产生活需要、服务实体经济、维护货币金融体系稳定等方面发挥着重要作用。假若停办现金存取业务的商业银行不断增多，不仅会影响消费者使用现金，进而影响正常的生产生活，甚至还将影响人民币现金的流通和形象。同时，这也意味着银行金融服务能力下降，继而影响银行业形象。

商业银行停办现金业务也不符合相关法律原则。《中华人民共和国商业银行法》第二条规定：本法所称的商业银行是指依照本法和《中华人民共和国公司法》设立的吸收公众存款、发放贷款、办理结算等业务的企业法人。这意味着银行必须提供现金存款等服务。第二十九条：商业银行办理个人储蓄存款业务，应当遵循存款自愿、取款自由、存款有息、为存款人保密的原则。

3. 概括总结。人民银行、银保监会对商业银行停办现金存取业务说"不"，很及时很必要。这不仅保障了消费者的合法权益，更传递鲜明的监管导向——办理人民币现金存取业务，是商业银行网点的一条底线，任何实体银行的网点都不能只算自己的成本"小账"，还要肩负服务人民群众、服务大局的社会责任。

（改编自《羊城晚报》冯海宁《对商业银行停办现金存取业务说"不"，很有必要！》2022年2月23日）

练习3

招聘

（漫画作者：郝延鹏）

【评述提示】

1. 解读漫画。漫画描绘了一场正在进行的招聘会现场的情景，一名男子手持简历正在排队等待，然而他环顾四周，却发现自己的"竞争对手"居然全是清一色的机器人。这一看似荒诞的情景其实表达了人们的担忧——日益发展的 AI 是否会对普罗大众的就业造成影响，甚至"危机"？

2. 调查分析。针对目前存在的对机器人和 AI 给制造业带来"就业破坏"的担忧，社科院人口与劳动经济研究所与社会科学文献出版社 2019 年 12 月 30 日发布的《人口与劳动绿皮书：中国人口与劳动问题报告 No.20》指出，机器人对于普通工作岗位存在替代效应，但并不会带来突出的"就业破坏"效应。

绿皮书指出，机器人、AI 带来自动化新技术革命对传统常规工作任务的工作岗位的替代，那些从事"可被编码"的重复性工作任务的工人最容易被替代。绿皮书同时指出，新技术应用增加了认知和技能水平较高及"人机协作"操作和管理服务的工作岗位需求，由于劳动力成本与新技术采纳成本的权衡以及中国区域经济发展阶段的差异，新技术使中国劳动就业岗位流失的规模最终取决于 AI 在引导传统产业彻底变革的速度和程度。绿皮书就此认为，机器人和 AI 是"自动化"的新阶段，更强调人机协作的关系，并非完全"机器换人"，新技术使操作技能更易掌握，低技能工人不会被直接淘汰，主要在企业内部完成岗位转换，不会对制造业带来"就业破坏"。

3. 概括总结。机器人、AI 的使用会增加中国制造业全部劳动者的平均工资收益，人力资本水平高、技能要求高的岗位和职业获得工资溢价更高，新技术采纳带来的技术溢价增加了不同技能和职业之间工资差距扩大的趋势。由于 AI 等新技术将代替大量普通劳动者，与就业关联的社保体系遭受冲击，普通劳动者的社会保障权益受影响最为突出。

（改编自中国新闻网《机器人和 AI 给制造业带来就业破坏？社科院报告给出否定回答》2019 年 12 月 30 日）

3.6.4 电视新闻评论节目主持人照片评论

> ? 请带着思考来学习如下内容：
> 什么是照片评论？

电视新闻评论节目主持人照片评论

● 照片评论的素材是狭义新闻图片，即新闻照片，是利用摄影技术制作完成的用于报道新近发生的事实的图片。这种最早源于报业并推动报业竞争的新闻报道形式，随着电视和网络的出现和发展被广泛使用，比如电视图片新闻。图片新闻是单幅或多幅新闻照片组接并配以画外音解说和评述的电视新闻报道形式。

照片评论通过对平面、静态的照片加以描述和解读，来剖析和评论照片所表现的现象及本质。照片评论要求评论者对照片所反映的新闻事实具有一定的描述和概括能力，点明照片中的新闻要素，从而进行对相关社会现象和问题的口头评论。

示例

儿子带瘫痪父亲上大学 如今一起毕业"领证"

【评述】

照片里的这位年轻人是河南科技大学 2018 届本科毕业生赵德龙，坐在轮椅上的则是与他一同参加毕业典礼的父亲赵汉坤。在 2018 年 6 月 15 日举行的河南科技大学 2018 届本科生毕业典礼暨学位授予仪式上，赵德龙的父亲获得了学院颁发的"双证"：舐犊情深、亦师亦友"教子有方"毕业证，以及幸福快乐、精神矍铄"健康长寿"学位证。

赵德龙和父亲在毕业典礼上被授予毕业证与学位证

(图片来源：视觉中国)

2015年8月底，赵德龙68岁的父亲脑血栓病情突然恶化，经过治疗，虽然病情有所稳定，但无法正常行走，生活也不能自理。因家中无人照顾，正上大二的赵德龙把父亲接到洛阳跟他一起"上"大学。为了能够更好地照顾父亲，他在校外租了一间房，一边上学，一边照顾父亲。学校得知情况后，经过协调，在学校腾出一间宿舍，并挂上"爱心小屋"的标牌，让他们父子免费居住。此外，老师、同学也纷纷伸出援手，学校还组织捐款、介绍勤工助学岗位，赵德龙更加刻苦学习，不仅英语过了六级，还获得了奖学金和助学金，学习之余坚持打工补贴家用。毕业后顺利找到工作的赵德龙表示，会好好工作并照顾好父亲，将来有机会回报社会。

赵德龙带父亲上大学的事迹令人动容，他的身上体现着自强不息的奋斗精神与中华民族传统的孝道美德。除了个人的努力外，学校和社会各界的帮助和支持同样在其成长的道路上发挥了重要的作用。

(改编自《河南商报》弯文奎《儿子带瘫痪父亲上大学，如今一起毕业"领证"一起工作》2018年7月12日)

🔍 要点总结

照片评论通过对平面、静态的照片加以描述和解读，来剖析和评论照片所表现的现象及本质。照片评论要求评论者对照片所反映的新闻事实具有一定的描述和概括能力，点明照片中的新闻要素，从而进行对相关社会现象和问题的口头评论。

📖 线下思考和练习

1. 如何在众多的新闻照片中选择适合评论的一张或一组照片？
2. 如何从新闻照片中寻找评论的切入点？

练习 1

副处长体验送外卖 12 小时赚 41 元：这钱太不好挣

（图片来源：北京日报）

【评述提示】

1. 解读照片。近日，北京卫视系列纪录片《我为群众办实事之局处长走流程》播出。在该纪录片中，北京市人社局劳动关系处副处长王林拜师外卖小哥，体验了一天送外卖的感觉。出发前，王林定下了当天要挣 100 块钱的"小目标"。接单后的王林，遭遇了离送餐时间还有 14 分钟，但导航显示还有 24 分钟才能到、送餐电动车被夹在机动车之间难以前行等种种"难题"，最终在 12 个小时里竭尽全力也只完成 5 单送餐，赚了 41 元。体验完外卖小哥的生活后，王林累"瘫"了，坐在马路边感叹："真的太不容易了，我觉得很委屈，今天跑了那么长时间，就挣这么点钱，离我的 100 块钱的目标，差那么多。"

2. 调查分析。节目播出后，引发众多热议。网友纷纷留言感叹："挺辛酸也挺真实，只有体验过，才知道不容易，才懂得委屈。"网友们对干部深入基层体验生活的这种方式表示赞扬："从人民中来，到人民中去。""希望各个领导都下基层体验一下生活，上山下乡，现在很需要这样的精神！"

对送外卖、开网约车这种新职业的实际体验，也让王林对以后的工作有了更多的想法。"通过'走流程'这次体验，我们对这两个行业从业者的身份有了一些具体的感受。主要的感受就是原来我们可能在制定政策的时候会有一些纠结的问题，比如说确定他们之间的义务关系等，但是通过这次'走流程'活动，我感觉更多的就是像我的师父说的，千万不要'一刀切'。我们的政策是给劳动者和平台制定的，不应该坐在办公室里空想，应该充分体现他们的诉求，这样才是为群众办实事。"

3. 概括总结。长期以来，政策落地难始终困扰基层施政，有的基层干部曾抱怨"政策制定者不懂政策"，只懂法理自通，不懂问题所在，出台的看上去好的政策到头来也难以解决问题。为群众办实事，就应该多迈开腿，用脚步丈量一线。与只坐在办公室拟政策相比，带着问题下基层，走到货车司机、外卖小哥、离退休老人等群体身边倾听心声，在一线调查核实，出来的政策才更接地气。

这样的体验最终会不会沦为作秀，关键要看能否真真切切解决实际问题。希望"走流程"的体验不要水过地皮湿，而要透地三尺，进一步研究建立台账、解决问题，研究形成长效机制，将为群众办实事进行到底。

（改编自《华西都市报》《副处长体验送外卖12小时赚41元：这钱太不好挣》2021年4月29日）

练习2

无路可走

（图片摄影：赵彬）

【内容提示】

1. 描述照片。近日，有市民反映西安市健康西路路北人行道上停满了共享单车，严重影响了行人的通行，给城市形象也带来很不好的影响。记者在现场看到，健康西路是一条双向三车道的东西道路，路北的人行道宽约6米，但因为共享单车的乱停乱放，行人根本无法行走。整条道路长600多米，路北人行道从东到西至罗家寨村口约400米几乎都被侵占。这些共享单车被随意地堆放在一起，车身肮脏，有的上面还沾满了垃圾。

2. 调查分析。相关工作人员称，由于这条路相对偏僻，行人车辆都比较少，所以他们就将此处作为临时中转调度点，将需要维修的车辆临时停放在这里，随后拉到仓库进行维修。城管执法人员则表示，共享单车公司将这里私设成自己的临时调度站并没有经过城管部门的同意，他们每次前来执法都会联系共享单车相关管理人员，令其及时清理，但是情况并不乐观。

3. 概括总结。共享单车乱停乱放影响行人通行，既有相关单位违规操作的原因，也在很大程度上受到执法部门监管不力、处罚力度不足的影响。

（改编自《华商报》赵瑞利《西安这条街道共享单车堆积如山 把行人都逼到机动车道去了》2018年7月8日）

练习3

面具破解人脸识别？

（图片来源：看看新闻）

【评述提示】

1. 描述照片。照片中一名男子正举着一张"人脸"面具。通过对比不难发现，这张面具在外观上和男子本人的脸可以说高度相似。近日，美国一家人工智能企业kneron（耐能）宣称自己能够采用制作面具的方式，通过包括微信支付、支付宝、铁路刷脸进站在内的人脸识别，引发人们的关注与议论。

2. 调查分析。针对这一消息，支付宝团队回应，此前试图联系这家企业获取详细信息，但是对方将该新闻及视频下架，没有提供更多信息。而微信方面称，目前已采用了多项技术，可以有效抵御视频、纸片、面具等攻击。两家企业均表示，如果出现刷脸支付导致盗刷也可以申请全额赔付。专家表示，以目前的技术，基于活体识别的人脸识别确实仍有一定概率会被面具破解。专家介绍，在网上公开自己的高清照片，确实有可能被3D建模，制作出高精度的面具，最好的办法还是保护好个人生物信息。记者在采访中发现，对刷脸支付，目前大多数市民还在观望阶段。

3. 概括总结。人脸识别作为一项尚未发展完善的新技术，在为人们的生活带来便利的同时也存在一些安全隐患，"人脸"面具的出现在一定程度上使这种风险从假设变成了现实。对于人脸识别技术的发展与推广来说这无疑是一次考验，而对于消费者而言则更是一种警示：在科技水平高速发展的当下务必保护好个人的信息安全。

（改编自看看新闻陈俊杰《面具破解人脸识别？支付宝、微信：如有盗刷可赔付》2019年12月17日）

电视新闻评论节目主持人的基本素养与实践要求

3.6.5 电视新闻评论节目主持人的基本素养与实践要求

? 请带着思考来学习如下内容：

电视新闻评论节目主持人的基本素养有哪些？

● 电视新闻评论节目主持人的基本素养包括如下几点：

第一，政治素养。

电视新闻播音员、主持人是新闻工作者，因此政治素养显得尤为重要。政治素养表现为政治理论、政治立场、政策观念和政治作风。电视新闻评论节目主持人的政治素养不但是完成电视新闻评论工作的基本需要，也是准确把握新闻评论舆论导向的重要前提。

第二，新闻素养。

新闻素养无疑是电视新闻播音员、主持人最基本的素养之一。电视新闻评论节目主持人虽然更多是用有声语言完成传播工作，但是对新闻的采访、报道、编辑等各个环节的熟练把握，能够让新闻评论从内容到形式和谐统一，体现出其特点和优势。

第三，文化修养。

广博而深厚的科学文化知识是电视新闻播音员、主持人的又一基本素养。在当前形势下，电视新闻评论节目主持人不求成为"专家"，而应该在精通几门知识的前提下广泛涉猎其他领域，成为"杂家"。在这种要求下，电视新闻评论节目主持人的学习能力显得尤为重要。

第四,语言功力。

作为新闻工作者的电视新闻播音员、主持人,同时又有语言艺术工作者的双重身份,所以还必须具有一定的有声语言表达技能,兼具较好的形象、形体。语言功力不只是传播信息的语言表达能力,其内涵更多是从形成语言的思维开始,直到最终通过具体语音和体态语言共同完成的一系列复杂而精妙的语言综合能力。

● 下面说说电视新闻评论节目主持人评论的实践。

电视新闻评论节目主持人评论的实践可以大致概括为:"预先准备""即兴点评""三言两语""独立成篇"。

在准备阶段要对素材进行关注和积累、分析和思考,把握好角度、思维、逻辑和导向。

对评论文稿的写作构思,先要"想明白",继而"写清楚"。

评论过程两步走:由"精心准备"到"出口成章"。

● 电视新闻评论节目主持人评论的要求有:

第一,迅速和敏锐地反应;

第二,深入和细致地了解;

第三,概括和凝练地评论;

第四,精辟和到位的语言。

● 电视新闻评论节目主持人评论时要注意:

第一,选题不能贪大求全;

第二,评论不能隔靴搔痒;

第三,语言必须通俗合理;

第四,素材必须明确来源。

有稿播音锦上添花,无稿播音出口成章。

> **要点总结**
>
> 电视新闻评论节目主持人的基本素养包括:政治素养、新闻素养、文化修养、语言功力。

线下思考和练习

1. 试分析自身欠缺哪些电视新闻评论节目主持人素养。
2. 思考如何在电视新闻评论节目主持中融入个性特点。
3. 经常对热点新闻进行评论写作和口头评论练习。

电视新闻评论
节目主持
(课堂实践)

3.7 电视新闻现场报道

电视新闻现场
报道相关
界定、概述

3.7.1 电视新闻现场报道相关界定、概述

? 请带着思考来学习如下内容：
什么是电视新闻采访？
什么是电视新闻现场报道？

● 先来说电视新闻采访。

业界对新闻采访的定义有很多，比方说：

采访是新闻记者（包括业余报道者）为进行新闻报道所作的了解客观情况的活动（艾丰，1996）。

新闻采访是新闻工作者为搜集新闻素材而进行的、带有特殊性质的调查研究活动（刘海贵、尹得刚，1991）。

新闻采访是新闻工作者为了报道新闻而进行的各种采集和分析新闻事实材料的职业性活动，是全部新闻工作的基础和前提，也是每个新闻工作者都应该掌握的一项基本功（林如鹏，1998）。

由此可以看出，新闻采访的主体是记者，客体是新闻事实，目的是报道和传播新闻事实，方式是特殊的调查研究以及对素材的采集和编辑活动。

电视新闻采访则可以被理解为"电视新闻工作者利用电视技术手段，为进行电视报道而进行的素材采集活动"。

电视新闻采访具体有如下几个要素：

第一，拍摄：摄像机摄取声画一体的现场形象；

第二，记者出镜：记者出镜提问、访谈、交流等动态过程；

第三，画外采访：记者进行的文字、背景、资料等非形象素材的采集等。

电视新闻采访有很多方式，比方说常用的等候采访、跟踪采访、即席采访、现场同步采访、体验采访、调查采访、隐性采访、连线采访等。

在电视新闻节目中，现场报道本来是电视新闻采访的一个重要内容，随着电视新闻的发展，这种本来属于新闻报道前期工作的采访报道变成了一种节目形式，把记者或者主持人的采访报道过程直接呈现给电视观众。这种电视新闻报道形式不但符合新闻的原则，更因具有现场感和真实性受到广大电视观众的欢迎。

● 再来讲讲什么是电视新闻现场报道。

电视新闻现场报道是"电视新闻记者在新闻事件现场，面向摄像机（观众），以采访记者、目击者或者参与者身份作出的图像报道"。现场报道具有强烈的现场感，让观众有"身临其境"之感。这样的报道方式让观众既能看到新闻人物和新闻事件发生的现场，又能看到记者的活动，极大地体现和发挥了电视新闻媒体的优势。

电视新闻现场报道的起源可以追溯到20世纪70年代的美国。以前受众看不到或者看不全的记者采访调查活动被直接呈现给电视观众，极大地增加了新闻的真实感和可信性。美国著名的新闻节目主持人克朗凯特、丹·拉瑟等在越战期间进行的大量现场报道让这一新闻报道形式风靡全球。甚至当时在西方电视新闻界形成了这样一个共识：只要适合于现场报道的新闻绝不采用其他形式报道。我国的现场报道开始于20世纪80年代。

如前所述，电视新闻现场报道是电视新闻采访的一种，常用的报道方式也都来自电视新闻采访的方式，比如即席采访、现场同步采访、远程连线采访等。

电视新闻现场报道与其他新闻报道方式相比有其明显的优势：时效性强、现场感强、信息感强、可信性强、可视性强、独立性强。现场报道的这些优势让它还可以独立成为新闻节目类型，常见于大型电视新闻专题节目。

电视新闻现场报道要求记者、播音员、主持人除了有很强的语言表达能力，还要有过硬的新闻素质。

要点总结

第一，电视新闻现场报道是"电视新闻记者在新闻事件现场，面向摄像机（观众），以采访记者、目击者或者参与者身份作出的图像报道"。

第二，电视新闻现场报道与其他新闻报道方式相比有其明显的优势：时效性强、现场感强、信息感强、可信性强、可视性强、独立性强。

线下思考和练习

1. 你是否喜欢看电视新闻现场报道？为什么？
2. 记者或主持人在新闻现场出镜的报道形式是否都是电视新闻现场报道？
3. 电视新闻现场报道和电视节目外景主持有何异同？

电视新闻现场报道的基本形式

3.7.2 电视新闻现场报道的基本形式

? 请带着思考来学习如下内容：
电视新闻现场报道的基本形式有哪些？

● 在电视媒体中，主要由新闻播音员、主持人在镜头前完成现场报道和连线报道，常见的有"开场白"式现场报道、"结束语"式现场报道以及对新闻现场的报道等。

《新闻联播》等节目中经常会出现随国家领导人出访的播音员、主持人从出访现场发回的一些报道。

示例 1

习近平抵达巴黎开始对法国进行国事访问

各位观众，这里是法国首都巴黎奥利机场。当地时间5月5号下午，国家主席习近平乘专机抵达这里，开始对法国进行国事访问。这是中国国家元首时隔5年再次对法国进行国事访问，又适逢中法建交60周年，双方将共同重温中法建交精神，从历史角度和战略高度共同擘画中法关系的未来。

（《新闻联播》2024年5月6日）

示例 2

习近平出席匈牙利总统和总理举行的欢迎仪式

各位观众，这里是匈牙利首都布达佩斯布达王宫内廷，当地时间5月9号上午，匈牙利总统舒尤克、总理欧尔班在这里为中国国家主席习近平举行隆重热烈的欢迎仪式，欢迎习近平在中匈建交75周年之际对匈牙利进行国事访问。中国和匈牙利相隔千里，但治河者不以山海为远，中匈双方将共同推动双边关系迈上新台阶，为中匈友好合作开辟新篇章，为中欧关系发展注入新动力，为动荡不安的世界注入更多稳定性和正能量。

（《新闻联播》2024年5月10日）

示例 3

习近平出席塞尔维亚总统举行的欢迎仪式

各位观众,这里是位于贝尔格莱德的塞尔维亚大厦前广场。当地时间5月8号上午,国家主席习近平来到这里,出席塞尔维亚总统武契奇为他举行的隆重欢迎仪式。近年来,在两国元首战略引领下,中塞关系保持高水平运行。中方期待同塞方一道,以此访为契机,进一步巩固两国铁杆友谊,开启中塞关系历史新篇章。

(《新闻联播》2024年5月9日)

以上是典型的"开场白"式现场报道,播音员在标志性建筑或场景进行相对固定位置的报道,一般用于对某一事件较为官方和正式的报道,比方说国家领导人出访或者外事活动以及在重要地点发生的重要事件等。

观众一般能够在播音员身后看到标志性建筑或场景,能够通过播音员的着装感受到当地的天气情况和气候特点,也能够从播音员的面貌和表情去判断新闻事件的基本态势和进展情况。因此,播音员在做这样的现场报道时,一定要注意每个细节,除了有声语言准确表达之外,还要注意一切可能在画面中出现的副语言所传达的信息。

和"开场白"式现场报道有所不同,"结束语"式现场报道相当于新闻的结尾部分,因此在有声语言的表达上要有一个落幅,以示段落和意思的结束。

我们在进行"开场白"式现场报道和"结束语"式现场报道时,具体的表达一定要有所变化,而且根据报道内容的不同,语言也应该有所变化。比方在开头说"观众朋友,我现在是在某地",在新闻现场报道结束后报上"某某台记者报道"或者"这是某某台记者从某地发回的报道",这样的话语单独成立,要和新闻内容有所区别。

● 接下来说说对新闻现场的报道。

在新闻事件现场,记者或者主持人手执有台标的话筒,在镜头前对新闻事件做报道。镜头会随着记者或主持人的报道,运用推拉摇移的拍摄手法,以多镜头切换或长镜头画面展现新闻现场的情景。在报道的最后,镜头往往又回到报道者,这时候报道者要对新闻事件做一个简要归纳或评述。此外,还常常穿插对新闻事件的当事人、目击者以及相关人士的采访。在电视新闻现场报道中,记者或主持人的采访活动贯穿整个过程。观众能清楚地感觉到报道者的采访能力，现场与观众的距离也因此缩短了，现场感、真实感和可信性增强了。

示例4

俄罗斯莫斯科州一音乐厅发生恐怖袭击

央视演播室主播：恐袭发生以后，总台记者一直在现场进行持续的报道。来看总台记者稍早前发回的报道。

连线记者王斌：我现在所在的位置是莫斯科州发生枪击事件的音乐厅停车场，现在是莫斯科时间23日凌晨3时。和我们22日夜间到来的情况相比，现场警车和救护车的数量已经大幅地减少，特别是在最近一个小时之内，有很多辆在附近待命的救护车撤离了现场，而且我们刚刚也观察到数辆来自俄罗斯联邦侦查委员会和警方的车辆也驶离了现场。俄罗斯国民卫队的成员曾经进入音乐厅的现场，对地下停车场一层和二层进行了搜救工作，转移了伤者和遇难者的遗体，但是由于现场的浓烟的影响，国民卫队的成员无法长时间在里面停留，因此撤出了现场。目前，还有部分警方的人员和国民卫队的成员在现场工作，在离我们比较远的地方还可以看到警灯的闪烁，但是和22日夜间相比，这个密度已经大幅下降。目前伤员正在莫斯科州的各个医院和莫斯科市的各个医院进行救治，并不排除死亡人数会进一步上升，还有这种可能性。我们会随时关注，向大家进行及时报道。

（《正午国防军事》2024年3月23日）

● 一则成功的现场报道应具备以下几点：

第一，报道者一定是在新闻事件现场，在电视画面中做报道和采访提问；

第二，报道者在新闻现场，随着事件的发生、发展边观察边叙述边评论，报道几乎与新闻事件同步；

第三，现场报道必须有事件现场画面和现场同期声；

第四，报道者在现场要选择标志性或者典型的背景做报道。

在电视新闻现场报道中，记者和主持人要引导观众去看新闻现场最重要、最有价值的东西，尽可能地通过采访活动，发现并向观众简明扼要地介绍新闻事件的来龙去脉。

> **要点总结**
>
> 在电视媒体中,主要由新闻播音员、主持人在镜头前完成现场报道和连线报道,常见的有"开场白"式现场报道、"结束语"式现场报道以及对新闻现场的报道等。

线下思考和练习

1. 同属于电视新闻现场报道,"开场白""结束语"式现场报道与记者对现场的报道有何不同?
2. 是否任何新闻都适合做现场报道?为什么?
3. 尝试做一则校园新闻的"开场白""结束语"式的电视新闻现场报道。
4. 尝试做一则对校园新闻现场进行的电视新闻现场报道。

3.7.3 电视新闻现场报道述评

? 请带着思考来学习如下内容:

电视新闻现场报道述评有哪些主要特征和要求?

电视新闻现场报道述评

● 先来说电视新闻现场报道述评有哪些主要特征。

我们在做现场报道的时候,除了准确及时地向电视观众报道现场新闻事件的发展态势外,还应该在叙述、描述的过程中对新闻事件做一个客观公正的评论。在电视新闻现场报道中,述评往往具有画龙点睛的作用,也能够起到引导舆论的作用。

电视新闻现场报道述评具有新闻评论的共性特征:

第一,明显的新闻性:具有客观性、时效性等新闻特征。

第二,强烈的思辨性:从新闻事实引申开来,逻辑严密、观点鲜明。

第三,鲜明的立场性:引导社会舆论要表现出鲜明的立场性。

第四:广泛的群众性。能够体察民情、表达民意。

● 再来说说电视新闻现场报道述评的要求。

第一,新闻事实准确。"述"是"评"的基础。因此,述评中的"述"一定要准确、客观、公正。

第二，事件叙述清楚。述评的最终目的在于"评"，"述"为评提供客观依据。因此，述既不能啰唆冗长，也不能断章取义。要简洁明了地把事实叙述出来。

第三，立场观点鲜明。在事实准确的基础上，明确提出对问题的观点。

第四，表述逻辑严密。口头述评是思维的产物，除了有鲜明的观点外，还必须有无可辩驳的逻辑力量。

示例

记者直击：草案认定巴勒斯坦符合联合国成员国资格

央视演播室主播黄峰：联合国大会在今天恢复举行第十届联大紧急特别会议讨论巴以问题，会上将就一项承认巴勒斯坦有资格成为正式会员国的决议草案进行表决，目前会议正在进行当中。我们现在来连线正在联合国总部的央视记者徐德智。徐德智你好，来给我们介绍一下你在现场了解到的最新的情况。

连线记者徐德智：好的，黄峰。

我现在所在的位置就是联合国大会堂的外面。大家刚才提到的联合国大会的紧急特别会议就在我的身后举行。现在巴勒斯坦常驻联合国的观察员曼苏尔正在发表讲话。

早些时候联大主席弗朗西斯已经讲话，并且表示所有人都需要得到和平，而且他表示这个问题持续了70多年，过去几个月的发展更加证实了这个问题急需要解决。而在介绍今天的这个决议草案的时候，阿联酋的代表则呼吁在11点进行投票，而且这个呼吁已经得到确认，也就是说这一次的这个决议草案将在十几分钟之后进行表决。

现在我手上拿到的这一份，就是今天联合国大会即将表决的关于接纳新联合国会员国的决议草案。关于这个草案主要有九点执行段，大概分为三个内容：

第一个内容是确认巴勒斯坦具有联合国会员国的资格，这是美国在此前安理会一票否决巴勒斯坦入联的这个决议草案的时候所给出的理由之一。

第二点是阿联酋代表说的他们提出这一草案的核心诉求就是建议联合国安理会重新审议关于接纳巴勒斯坦为联合国正式成员的这一决议，也就是说要求他们进行重审，而且这个重审的前提是国际社会大多数认定巴勒斯坦是符合联合国会员资格的。

第三点其实在我看来是最重要的，就是这一份决议草案赋予了巴勒斯坦更多的会员国的权利。作为观察员来行使这样的一个权利，比如说具有象征性意义的就是，它虽然是一个观察员，但是巴勒斯坦将可以按照字母的顺序坐在会员国当中，而且可以代表一个集团提出决议，以及进行这个决议的介绍。同时也可以参与到像是联合国大会及联合国大会下属各个委员会的主席团的成员当中。但是这一份决议草案也明确表示，由于它仍然是观察员国，所以在联合国大会没有投票的权利，尽管如此，但是其实这已经赋予了巴勒斯坦一个非常接近于正式成员的资格。黄峰！

（《国际时讯》2024 年 5 月 10 日）

● 在做电视新闻现场报道时，作为主体的报道者要树立受众意识，要学会运用"对象感"这一内部表达技巧，加强与受众的交流。

应该注意如下几点：

第一，述评也要做到"面前无人""心中有人"，积极主动地与设想的对象交流；

第二，灵活运用语言和副语言传播系统，使传播潜能变为传播现实；

第三，报道者具有示范代表作用；

第四，报道者的述评传递信息、体现态度，具有帮助人们了解和认识社会的作用；

第五，报道者传达情感，要形象具体生动，吸引感染受众，具有鼓舞、教育、激励作用。

所以我们的报道者要发挥好上述作用，担负起上述职能，就必须强化自身，准确定位。

🔍 要点总结

第一，电视新闻现场报道述评有如下主要特征：明显的新闻性、强烈的思辨性、鲜明的立场性、广泛的群众性。

第二，电视新闻现场报道述评有如下要求：新闻事实准确、事件叙述清楚、立场观点鲜明、表述逻辑严密。

📝 线下思考和练习

1. 为何电视新闻对现场进行报道有时需要进行评论？
2. 做电视新闻现场报道时需要注意什么？
3. 尝试做一则电视新闻现场报道，要对现场进行准确的描述和判断。
4. 尝试做一则电视新闻现场报道，在描述现场之后进行恰当的评论。

3.7.4 电视新闻现场音视频连线报道

电视新闻现场音视频连线报道

? 请带着思考来学习如下内容：

什么是连线报道？
连线报道有几种主要方式？

● 先来说说什么是连线报道。

连线报道是指运用先进的音频视频技术，让分布在不同地点的当事人或受访者，对新近或正在发生的新闻进行及时报道，同时展开评论和讨论的新闻报道方式。连线报道能够较大限度地实现新闻报道的双向或多向交流互动，形成全方位立体的报道态势，全面地解读和阐释新闻事件，从而使新闻报道更加灵活、生动。

20世纪80年代初，美国广播公司（ABC）的广播节目《夜线》较早运用了连线手段，此后伴随着美国有线电视新闻网（CNN）的开播，连线手段被运用到一些突发新闻事件的同步报道当中。从此，连线报道成为一种常规的新闻报道方式并走向成熟。

在我国20世纪90年代中期，中央电视台在直播节目中进行连线报道的尝试。2001年10月，中央电视台《东方之子》子栏目《时空连线》开播，将连线作为整个节目的结构方式和表现手段，成为中央电视台第一个专门的连线节目。中央电视台新闻频道开播之后，连线报道逐渐成为一种常规电视新闻报道手段和节目样态。

在现场报道的各种样式中，连线报道有着明显的优势：报道迅速、信息真实、极具现场感、交流意识强烈、具有思辨色彩。

● 连线报道有音频连线报道和视频连线报道两种。

音频连线报道（包括电话采访）是跨越空间距离的电子采访技术手段，音频连线报道不仅是记者联络预约、获取线索、传递信息、核实信息、补充采访的有效手段，而且是一种引入屏幕的颇具吸引力的报道方式。

示例 1

音频连线报道：俄罗斯 央视记者抵达爆炸现场

央视演播室主播柴璐：那么目前我们央视的记者徐鸿波已经赶到了爆炸的现场，马上来连线他。鸿波你好！

连线记者徐鸿波：柴璐你好！

央视演播室主播柴璐：先跟我们介绍一下，目前赶到的位置是哪里？现场的状况怎么样？

连线记者徐鸿波：好的，我现在正位于圣彼德堡地铁爆炸案的发生地。目前现场已经完全被警方封锁了，所有伤员已经转移，地铁站里的火已被扑灭，俄罗斯强力部门派出了将近300人在现场维持秩序。另外根据我从官方采访中了解到的消息，现在至少已经有80人被救护车送往了医院，而圣彼得堡市长已经确认，在本次爆炸中，到目前为止已经有10人死亡。地铁爆炸发生于地铁的车厢中，根据警方公布的消息，是一种简易的爆炸装置，爆炸的发生地位于圣彼得堡的市中心的一个重要的公交枢纽，可以相当于我们北京的西直门一带，是地铁的换乘站。同时，附近有圣彼得堡的中国市场，有大量华人居住。所幸的是，警方和中国驻圣彼得堡总领事馆都表示暂时没有华人受伤的报告，这就是我现在了解到的一些信息。而有关最新的信息我会在稍后的新媒体直播中继续为大家关注。柴璐！

央视演播室主播柴璐：嗯，鸿波，现在我们得到一个最新的消息，就是总检察院已经确认说这起爆炸性质就是恐怖袭击，那么关于这个爆炸事故的原因，现在有没有进一步的消息？

连线记者徐鸿波：现场警方现在暂时还没有对媒体公布最新的信息，而有关爆炸案的详细情况可能会在晚间会有新闻发布会。柴璐，目前情况是这样的。

央视演播室主播柴璐：好的，谢谢鸿波！在前方也注意自己的安全！稍后有最新的信息，我们再进行连线。

（《国际时讯》2017年4月3日）

视频连线报道是利用数字通信技术而进行的现代采访方式。以前电视媒体更多地使用通信卫星来完成远程视频连线报道，现在随着移动通信技术的日益发达，一个手机移动终端就能够完成音视频清晰且信号稳定的视频连线报道。

视频连线报道不但可以跨越空间距离，而且可以在节目中进行面对面的交流。

示例 2

视频连线报道：山东平邑一石膏矿垮塌　被困人员陆续升井

央视演播室主播王洲：有关山东平邑石膏矿垮塌这个事件的最新情况，马上来连线我们前方的记者胡洋。你好，胡洋！

连线记者胡洋：你好，王洲！

央视演播室主播王洲：我们之前拿到的数据是井下有29人，有10人成功升井。那么，截至目前，有没有更多的人升井？前方的救援情况怎么样？给我们介绍一下。

连线记者胡洋：好的王洲。截至目前，10个人的安全情况是被确定的，此时此刻我身后的6号井下面仍然有一名被困的矿工等待升井，那么他升上来之后才能说是有10个人成功地升井了。刚刚我们也了解到，这个人的精神状态是比较好的，但是由于他的腿部被大石块给压住了，所以救援人员带下去了扩张器正在紧张地进行救援。大概再过一段时间，他就能够成功升井。据我们了解，除了这10个人之外，在3号矿口以及4号矿口的区域里面还有19个人是被困的，刚刚我们也得到了一个好消息，就是在这个4号矿井附近的11个被困人员的具体位置已经确定了，他们已经走到了矿井的门口。我们也了解到目前现场的救援方案就是针对如何让他们升井来制定具体的救援方案。另外3号矿井的矿口的8个人的位置也确定了，但是具体的施救方案还在紧张研讨过程当中。我们看到刚刚又有一批救援人员下到了井下，我们也期待着这个被困的人员能够尽快地升井。在这个矿口的外围我们看到有一些救护车已经等待在这里，专业的医疗人员也是静候在这里，等待着这名被困的矿工成功升井之后，对他进行及时的救助。他会被迅速转移到附近的平邑县人民医院进行进一步的救治。据我们了解，这次坍塌事故是由于附近一个废弃的石膏矿的采矿区塌陷而引发的，我所在的这个石膏矿的采矿区其实在今年的10月22号已经被停止生产，要进行一个整改改造。但是据我们从安监部门了解到的消息，这个矿区今天凌晨仍然有偷偷下井作业的情况，所以才导致了29个作业的人员被困在井下。好的,王洲,现场的情况就是这样。

央视演播室主播王洲:好的,感谢胡洋从事故现场发回的报道,那么有关这次石膏矿垮塌事件救援的最新进展,我们也会持续地关注。

(《中国新闻》2015年12月25日)

● 连线报道的特点和优势
第一,跨越空间。
第二,节省时间。
第三,补充扩展。
第四,真实可信。

● 连线报道的局限和不足
第一,容易造成听觉上的误差。如果音频线路故障,或有些语音语调上的相似都可能造成误差。
第二,获得信息有限。连线采访难免因空间距离而使信息获取受限。
在实践中我们可以根据采访对象和报道题材来决定连线方式。

● 连线报道应该遵循这样一些基本规则:
第一,交代身份、讲明意图。
第二,认真倾听、核实细节。
第三,语言简洁、客观公正。
第四,致谢与回应。

从连线报道中,我们可以领略现代技术对新闻报道的助力,也可以领略现场报道的独特魅力。如今,民用数字移动通信技术的发展和进步,为音视频连线报道提供了更为广阔的空间。

> **要点总结**
>
> 第一,连线报道是指运用先进的音频视频技术,让分布在不同地点的当事人或受访者,对新近或正在发生的新闻进行及时报道,同时展开评论和讨论的新闻报道方式。
>
> 第二,连线报道的特点和优势是:跨越空间、节省时间、补充扩展、真实可信。远程连线比文字更具真实性、可信性。
>
> 第三,连线报道应该遵循这样一些基本规则:交代身份、讲明意图,认真倾听、核实细节,语言简洁、客观公正,致谢与回应。

电视新闻
现场报道
（课堂实践）

> 📖 **线下思考和练习**
>
> 1. 在什么情况下进行音频连线报道比较合适？
> 2. 在什么情况下进行视频连线报道比较合适？
> 3. 尝试制作一则音频连线报道，包括对新闻现场的描述和评论。
> 4. 尝试制作一则视频连线报道，包括对新闻现场的描述和评论。

课程总结

课程总结

"电视新闻播音主持"是实践性非常强的一门课程，其理论依据和概括总结都来源于电视新闻传播的业界实践和具体现实。业界的发展日新月异，推动我们的专业教学和科研工作不断向前：我们需要不断地在实践中及时分析和总结，让教学始终保持与业界实践同步，与时俱进，并不断地开拓创新。

正因为电视新闻播音主持具有实践性强的特点，所以线下实践指导课上大量的练习素材都来源于国内主流媒体播出的节目，以求有针对性地进行实操练习。

在教学实践和应用当中，每个章节的理论讲授和相对应的实践指导均能够按照线上和线下教学的各自优势特点有机地结合起来，让每一部分内容都能够形成理论和实践的合理搭配与支撑，使学生通过该课程的学习对电视新闻播音主持有所了解，掌握一定的专业技能技巧，实现电视新闻播音主持教学的知识目标、能力目标，并使其在学习和实践中牢固树立社会主义核心价值观，了解并认同融媒体时代主流媒体新闻观，践行融媒体时代新闻媒体的主流价值观。

"电视新闻播音主持"课程的学习大致可以从这几方面进行总结：相关理论知识要点的了解和梳理、相关语言传播的方法和技巧掌握、进一步深入学习的方法路径。

相关理论知识要点方面，可以将电视新闻播音主持分为两大业务门类，一是有创作依据的新闻稿件播音，二是不同语言样态的新闻节目主持。而在分类型进行业务学习之前，先要了解电视新闻的相关概念、类型、特点等内容，还要知道播音员主持人的性质、地位和作用，播音主持创作的规律和方法等。

相关语言传播的方法和技巧方面，通过具体的新闻稿件播音和新闻节目主持两大类语言创作类型的细分化讲解，分别讲授新闻稿件播音创作方法和技巧，以及新闻节目主持的能力和素养。

进一步深入学习的方法路径方面，我们倡导从观摩、分析、模仿、练习再到实践这样进阶学习的逻辑和步骤，这也符合电视新闻播音主持学习的特点和规律。观摩与模仿是语言表达能力的基础，建议学生观摩学习优秀的电视新闻播音员主持人，学会分析与思考，找到适合自己的语言表达创作方式。

具体落实起来还需要：多跟读、多录音、多录像，而且要坚持不懈，这样才能高效地提升业务能力和水平。

"电视新闻播音主持"课程希望为你带来一些切实的帮助，同时也衷心希望同学们以及业内的专家学者和同行提出批评和建议，让我们做得更好。

期待您的反馈！

图书在版编目（CIP）数据

电视新闻播音主持：MOOC+SPOC/仲梓源著. --北京：中国传媒大学出版社，2025.1.

ISBN 978-7-5657-3830-2

Ⅰ.G222.2

中国国家版本馆 CIP 数据核字第 2025360FL7 号

电视新闻播音主持 MOOC+SPOC
DIANSHI XINWEN BOYIN ZHUCHI MOOC+SPOC

著　　者	仲梓源
策划编辑	赵　欣　高卓毓
责任编辑	高卓毓
责任印制	李志鹏
封面设计	拓美设计
出版发行	中国传媒大学出版社
社　　址	北京市朝阳区定福庄东街 1 号　　邮　编　100024
电　　话	86-10-65450528　65450532　　传　真　65779405
网　　址	http://cucp.cuc.edu.cn
经　　销	全国新华书店
印　　刷	北京中科印刷有限公司
开　　本	787mm×1092mm　1/16
印　　张	10.5
字　　数	211 千字
版　　次	2025 年 5 月第 1 版
印　　次	2025 年 5 月第 1 次印刷
书　　号	ISBN 978-7-5657-3830-2　　　定　价　52.00 元

本社法律顾问：北京嘉润律师事务所　郭建平